동양 문화 속 괴물들의 이야기

괴물도감

- 동양편 -

| 고고학자 지음 |

BM (주)도서출판 성안당

프롤로그

　남자를 잘 홀리는 매혹적인 여성의 외모를 하고 간을 빼먹는 구미호(九尾狐)는 드라마, 웹툰, 게임 등 다양한 분야에서 우리나라를 대표하는 요괴로 자주 표현되는데, 이런 구미호는 일본과 중국에도 색깔만 다른 비슷한 설정으로 등장한다. 그 옛날 옛적에도 이러한 이야기가 국가적으로 교류되고 있었다는 방증이다. 수백 년을 거쳐 현대에까지 이어지며 사람들의 입에 오고 간다는 것은 실로 위대한 일이 아닐 수 없다. 시대는 달라도 사람들에게 '꼬리 아홉 달린 여우'는 여전히 신비하고 놀라운 존재라는 것이고 미래에도 그 이름을 남길 것이다.

　우리나라는 이웃나라인 중국과 일본에 비해 상대적으로 요화로써 꾸준히 자리매김해오고 있으며 문화생활의 비중이 커짐에 따라 요괴에 대한 연구가 늦게 이루어지고 있다. 구미호처럼 신비한 요괴는 과거부터 현재까지 일종의 문화가 활발히 이루어져 많은 이들이 사랑할 수 있는 콘텐츠가 만들어지면 얼마나 자랑스러울지 상상만으로도 기쁜 일이다.

　이 책을 통해서 조금이나마 조상들의 아름다운 상상력을 엿보고 신비하고 흥미로운 이야기를 가진 다양한 요괴들에 관심을 가져주길 바란다.

이 책이 말하는 것

    이 책에서는 세계 각국의 괴물을 일러스트로 소개하고 있으며, 작가의 주관적인 표현도 포함되어 있으므로 상상력을 더 가미해서 보는 것을 권장한다. 상상 속의 존재이기 때문에 입과 그림으로 전해진 자료를 토대로 그려냈고, 괴물의 모습이 당신이 상상했던 것과 조금 다를 수도 있다. 따라서 상상력의 나래를 맘껏 펼치길 바란다.

    기본적으로 괴물이 유래된 지역과 추정되는 크기, 종류 등에 대해서도 설명하고 있는데 괴물의 생김새와 잘 연관 지어 본다면 좀 더 몰입해 즐길 수 있을 것이고 이 과정을 통해 새로운 문화를 접하길 바란다.

    21세기의 최첨단 시대를 살아가는 현대인이 과거의 조상들이 만들어 낸 문화를 소비한다는 것은 곧 인류 역사의 한 부분을 새로운 형태로 즐기는 것이라 생각한다. 나라와 지역, 인종을 막론하고 전해지는 전설과 신화 속에서 항상 등장하는 괴물과 요괴는 현대인들이 즐기는 영화나 책과 같은 취미 중 하나가 아니었을까 생각한다. 비록 누군가에겐 무섭기만 한 괴물일지라도 당대의 사람들이 만들었던 상상력의 결정체라는 점을 생각하며 접한다면 시간을 아우르는 새로운 콘텐츠로 다가올 것이다.

차 례

가루다

인도 신화 ✦ 조류형 (측정 불가)

거대한 새의 모습을 한 괴물로 '가루라(迦樓羅)', '가류라(迦留羅)'로 불리기도 합니다. 사람의 몸에 독수리 머리가 달려 있으며 날개는 눈부신 황금빛을 띠는 아름다운 모습입니다. 머리에는 여의주가 있고 입에서는 불을 내뿜는다고 합니다. 가루다는 신들과 싸워도 호각을 이루며 인도 신화의 용인 '나가'를 쉽게 쪼아 먹을 정도로 거대하고 강한 괴물입니다.

가루다의 두 날개를 펼치면 1,300만km가 넘는다고 합니다. 이에 신들의 호감을 얻어 우주를 수호하는 신 '비슈누'의 선택을 받아 비슈누를 태우고 함께 악령이나 사악한 뱀들과 싸웠다고 합니다. 가루다가 비슈누의 선택을 받은 것에는 다양한 이유가 있습니다. 원래 그는 비슈누의 전차가 아니었지만, 나가가 가루다의 어머니를 잡아먹어 복수하기 위해 스스로 비슈누를 찾아갔다는 이야기와 가루다의 어머니와 나가들이 한 내기로 인해 전차가 되었다는 이야기가 있습니다. 가루다는 태양신으로도 알려져 있으며 그의 황금빛 날개에 태양을 싣고 동쪽에서 서쪽으로 운반한다고 합니다.

간다르바

인도 신화 ❖ 인간형 (1.7m)

향기를 쫓는 인간 모습의 괴물로 '건달바(乾闥婆)', '심향(尋香)'으로 불리기도 합니다. 간다르바는 하나의 개체가 아니라 한 종족을 의미하며 이들은 아이들이나 약한 자들을 악한 자에게서 지켜준다고 합니다. 간다르바는 물에서 태어났지만, 하늘과 땅을 자유롭게 돌아다닐 수 있다고 합니다. 인간의 몸에 말 꼬리를 가지고 있는 모습과, 황금 날개와 새 다리를 가지고 있는 두 가지 모습으로 나타나며 두 가지 모습 다 아름답다고 합니다.

간다르바는 향기로운 향기를 주식으로 먹어 이들의 주변에서는 항상 향기가 풍깁니다. 이들은 대부분 남성체이며 아름다운 여성을 꽹장히 좋아해 인간과 맺어지는 경우도 있다고 합니다. 대체로 자유분방한 생활을 즐기지만 질투가 심하다고 합니다. 간다르바는 태양을 실어 나르고 불사의 영약인 소마를 수호하며 신들에게 음악을 연주해주는 일을 맡고 있습니다. 신들에게 음악을 연주해 즐겁게 만들어주는 '신들의 악사'로 유명하며 많은 왕과 사람들이 간다르바를 따른다고 합니다.

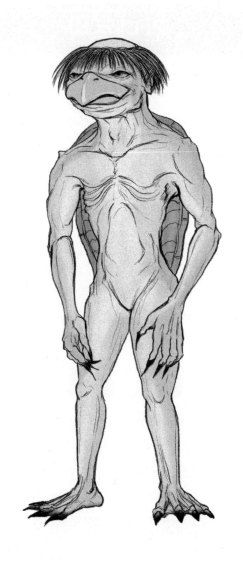

갓파

일본 전설 ❖ 인간형 (1~1.5m)

어린아이의 모습을 한 괴물이라고 합니다. 강이나 호수, 바다 등 물이 있는 곳에 서식하며 장난치는 것을 매우 좋아한다고 합니다. 사람의 모습을 하고 있으나 황록색 피부에 비늘이 나 있고 등에는 거북이 등딱지와 비슷한 껍질이 덮여 있습니다. 세 개의 손가락에는 물갈퀴가 있고 두 팔은 하나로 이어져 있어 한 쪽에서 잡아당기면 빠져버린다고 합니다. 얼굴에는 부리가 달려 있고 머리 꼭대기는 움푹 들어가 있으며 그 안에는 물이 가득 차 있는데 이 물이 엎어지면 갓파의 목숨이나 신통력을 잃게 된다고 합니다.

갓파는 일본의 에도시대 때 처음 등장했으며 당시 물가에서 일어난 사고들은 모두 갓파의 소행으로 믿었다고 합니다. 당시 사람들은 갓파가 동물이나 사람을 물속으로 유인해서 피를 빨아 먹기도 하고 사람 몸속에 있는 '구슬(시리코다마)'을 빼먹어 힘을 잃게 한다고 믿었습니다. 갓파는 오이를 좋아해서 오이에 사람의 이름과 나이를 새겨주면 그 사람은 해치지 않으며, 스모와 아이들을 좋아해 아이들과 스모 겨루기를 즐긴다고 합니다.

강시

중국 전설 ❖ 인간형 (1.5~1.7m)

　인간의 모습을 한 괴물입니다. 강시는 명나라 말기에 처음 등장했지만 청나라 때 가장 많이 등장해 대부분의 강시가 청나라의 관복을 입고 있다고 합니다. 예전 중국에서는 전쟁을 하다 죽으면 고향으로 돌려보내 주기 위해 본인의 고향까지 갈 수 있게 만든 부적을 시체에 붙여주었는데, 중간에 부적이 떨어지면 강시가 되어 배회하게 되는 것이라고 합니다. 온몸이 이미 굳어버려 사람처럼 걷지 못하고 팔을 일자로 뻗고 콩콩 뛰어다니지만, 백 년이 지난 강시는 하늘을 날아다닐 수 있다고 합니다.

　강시에게 공격당하면 공격받은 사람도 강시로 변해버리지만, 숨을 참거나 나무 위로 도망가면 강시가 찾지 못하고 돌아간다고 합니다. 또한, 강시는 종류가 다양하며 무덤에 묻힌 시체가 자연스레 강시가 된 경우를 '유시', 주술에 의해 만들어진 강시를 '도시', 날아다니는 강시를 '비강'이라고 부른다고 합니다.

고수여칠

한국 전설 ❖ 인간형 (1.6m)

    말라붙은 사람의 모습을 한 괴물입니다. 얇은 뼈다귀로 된 다리에 종이 치마를 두르고 있으며 상체는 잘 보이지 않는다고 합니다. 보통은 늙은 여자의 목소리를 내며, 죽은 가족이나 친척의 목소리를 따라해 사람의 말을 한다고 합니다. 그리고 사람이 사는 집에 들어가 음식을 먹어치우거나 창호지를 찢고, 기와나 돌을 던져 피해를 준다고 합니다.

    오래전 사문 이두(李杜)라는 사람의 집에 죽은 지 10년이 지난 고모가 찾아와 아침, 저녁으로 밥을 바치며 다리가 왜 그러냐고 물어보니, "죽은 지 오래된 사람이 어찌 이와 같지 않겠느냐." 라고 대답하였다고 하며, 이두는 다양한 방법으로 그를 물리치려 했지만 병을 얻어 죽었다고 합니다.

고획조

중국 전설 ✦ 조류형 (1.6m)

새의 모습을 한 괴물입니다. 고획조는 밤에만 활동하며 평소에는 새의 모습을 하고 있지만, 날개를 벗으면 인간 여성의 모습으로 변하며 이때는 '천제소녀(天帝少女)', '야행유녀(夜行遊女)'로 불립니다. 고획조는 어린 여자아이들을 납치해 자신의 아이로 만들어버린다고 합니다. 고획조는 평소 원하던 아이의 옷에 자신의 피를 묻혀 표시를 해놓기 때문에 고획조가 나타나던 진나라 때에는 밤에 여자아이의 옷을 밖에 절대로 걸어두지 않았다고 합니다.

곽박의 『현중기』에 따르면, 진나라 때 한 남자가 여러 명의 여자들이 모여 놀고 있는 것을 발견하고 그들이 걸어놓은 날개옷을 몰래 한 벌 훔친 후 그녀들 앞에 나타났는데, 나머지는 놀라서 모두 달아나버렸고 옷을 잃은 한 여자는 도망가지 못했습니다. 그 후 남자는 그 여자를 아내로 맞아 세 딸을 낳았지만, 여자는 세 딸을 시켜 날개옷을 찾아 달아나버렸습니다. 그리고 여자는 날개옷을 세 벌 더 가져와 딸들에게 주며 함께 도망가 버렸다고 합니다.

구렁덩덩 선비

한국 설화 ✦ 동물형 (1.7m)

구렁이의 모습을 한 괴물입니다. 오래전에 어떤 할머니가 구렁이의 모습을 한 아이를 낳았고 옆집의 세 딸 중 막내딸이 호감을 보여 선비가 청혼을 하고 결혼을 하였습니다. 첫날밤에 그는 허물을 벗고 잘생긴 남자로 변했고, 자신의 허물을 부인에게 주며 절대로 다른 사람에게 보이면 안 된다고 하였습니다. 하지만, 두 언니들에게 허물을 들켜 언니들이 허물을 불에 태워버렸고 아내가 자신의 허물을 태웠다고 생각한 선비는 집에 돌아가지 않았습니다. 아내는 남편을 찾아 길을 떠났고 지하세계에서 남편이 사는 곳을 찾았지만, 남편은 이미 새 여자와 혼인해 살고 있었습니다. 부인은 둘째 부인과 다양한 내기를 해 이겼고, 다시 남편과 결합하여 행복하게 살았다고 합니다.

또 다른 이야기에서는 내기 중에 본 부인이 죽었다는 설도 있고, 아내와 결합 후 두 언니들에게 벌을 주었다는 설도 전해지고 있습니다.

구미호

한, 중, 일 설화 ✤ 동물형 (1.6m)

　꼬리가 아홉 개 달린 여우 괴물입니다. 구미호는 다양한 나라에 등장하는데, 사람을 홀리는 능력을 가지고 있다고 합니다. 여우가 처음 태어날 때부터 아홉 개의 꼬리를 가지고 있지는 않으며, 수련을 통해 몇 백 년에 한 번씩 꼬리가 생기고 아홉 개의 꼬리가 다 생기면 구미호가 되어 불사의 괴물이 되는 것이라고 합니다.

　본 모습은 여우이지만 아름다운 사람의 모습으로 둔갑할 수 있으며 여우 구슬을 통해 인간에게 정기를 얻어 가거나 인간의 간을 먹는다고 합니다. 정기를 빼앗긴 인간은 운이 좋다면 죽지 않을 수도 있지만, 간을 빼앗긴 사람들은 모두 죽음에 이르게 된다고 합니다. 100개의 간을 먹거나 인간과 결혼해 100일 동안 정체를 들키지 않으면 구미호가 사람이 된다는 이야기가 있으며, 일부 지역에서는 구미호를 상서로운 존재로 여겨 구미호가 나타나면 복이 들어온다고 믿었습니다.

궁기

중국 신화 ✦ 혼합형 (2m)

   날개 달린 호랑이의 모습을 한 괴물입니다. 궁기는 중국 황제에 의해 사방으로 쫓겨난 네 마리의 흉악한 괴물 '사흉(四凶)' 중 하나라고 합니다. 날개 달린 호랑이의 모습으로 자주 묘사되지만, 소의 모습에 고슴도치 같은 뾰족한 털이 있는 모습으로도 묘사되고 있습니다. 궁기는 개의 울음소리를 내며 사람을 잡아먹는 포악한 성격을 가지고 있다고 하며, 사람을 잡아먹을 때는 꼭 머리부터 먹는다고 합니다.

   궁기는 사람의 말을 알아들을 정도로 높은 지능을 가지고 있으며, 다투고 있는 사람들이 보이면 바른 말을 하는 사람을 잡아먹고 정직한 사람을 만나면 그 사람의 코를 먹어버린다고 합니다. 악인에게는 오히려 짐승을 잡아 선물로 전해 준다고 합니다. 하지만 이전에는 악한 괴물이 아니라 서쪽 땅에서 인간에게 해를 끼치는 괴물들의 침입을 막아주는 선한 괴물이었다고 합니다.

귀수산

한국 설화 ✤ 동물형 (측정 불가)

거북이의 모습을 한 괴물이라고 합니다. 귀수산은 바다에 서식하며 거대한 크기로 멀리서 보면 바다에 떠다니는 섬이나 암초로 착각할 수 있다고 합니다. 귀수산의 등에는 대나무와 비슷하게 생긴 두 개의 돌기가 나 있는데, 낮에는 두 개지만 밤에는 합쳐져 하나가 된다고 합니다. 이 돌기를 자르면 귀수산이 도망가거나 목숨을 잃게 되고 이것을 마디로 잘라 바다에 넣으면 용의 형상을 한 작은 생물들이 나타나는데 이 생물들은 귀수산의 새끼라고 합니다.

귀수산은 600년대 말 신라시대 때 '박숙청'에 의해 처음 발견되었으며 박숙청은 귀수산을 보고 산이 떠내려 오고 있다고 보고하였다고 합니다. 그리고 귀수산의 등에 있던 돌기를 떼어내 만든 피리가 '만파식적'이며, 만파식적을 불면 병이 낫고 가뭄에 비가 오거나 바람이 멎고 물결이 가라앉았다고 합니다.

귀차

중국 설화 ✤ 조류형 (1.5~2m)

아홉 개의 머리가 달린 새의 모습을 한 괴물입니다. 하나의 몸에 아홉 개의 머리가 달려 있어 '구두조'라 불리기도 합니다. 귀차는 전체적으로 부엉이와 비슷한 생김새를 가지고 있지만, 아홉 개의 얼굴은 사람의 형상과 비슷해 보일 때도 있다고 합니다. 양쪽 날개를 모두 펼치면 약 3m 정도의 거대한 크기라고 합니다. 아홉 개의 머리 중 하나의 머리에서는 계속 피가 뚝뚝 떨어지고 있는데, 이 피를 사람이 맞으면 그 사람뿐만 아니라 가족들까지 불행에 시달리게 됩니다. 하지만 귀차의 피를 맞지 않아도 귀차가 스스로 사람들의 집에 들어가 불행을 퍼트리거나 사람들의 혼을 빼앗아 가기도 합니다.

귀차는 낮에 눈이 보이지 않아 주로 밤에만 돌아다니며 이때 작은 불빛만 보아도 바로 눈이 멀어 버리고 날다가도 추락해 버린다고 합니다. 그래서 사람들은 밤중에 귀차가 나타나면 바로 촛불을 켜거나 개를 짖게 해서 쫓아냈다고 합니다.

규키

일본 민담 ✤ 혼합형 (2m)

황소의 모습을 한 괴물입니다. 규키는 '우시오니'라고도 불리며 이 이름은 '황소 악마'라는 의미를 담고 있습니다. 거미의 몸에 황소의 얼굴이 달려 있으며 매우 난폭하고 잔인한 성질을 가지고 있다고 합니다. 규키의 모습은 다양한 형태로 나타나는데 호랑이 몸에 원숭이 얼굴을 한 형태나 사람의 몸에 황소의 얼굴이 달려 있는 형태가 있습니다. 날개를 달고 하늘에서 날아왔다는 이야기도 전해지고 있습니다.

규키는 사람을 잡아먹는 괴물로 독을 토해 사람을 습격해 죽인다고 합니다. 인간의 모습으로 둔갑하여 사람들을 공격하지만, 물에 비추면 원래 모습이 보이기 때문에 쉽게 알아볼 수 있다고 합니다. 규키는 강, 연못, 숲속 등 다양한 곳에서 나타나며 일부 지방에서는 뱀의 머리를 한 요괴 '누레온나'와 함께 협공하여 사람을 습격해 잡아먹는 이야기가 퍼져 있기도 합니다.

그슨대

한국 설화 ✤ 인간형 (1.4m)

어린아이 모습의 괴물입니다. 그슨대는 어둠을 상징하며 밤에만 나타
나고 주로 빛이 들지 않는 어두운 골목에서 볼 수 있다고 합니다. 그슨
대를 어린아이로 착각한 사람들이 도와주려고 다가가면 점점 커져 사람
을 놀라게 만들거나 그림자로 덮어 죽여 버린다고 합니다. 그슨대에게
는 물리적인 공격도 통하지 않고 공격을 받을수록 몸집도 커지게 된다
고 합니다.

그슨대는 고려 시대 때 수호신이라는 이야기가 있지만 조선시대로 넘
어가면서 악귀가 되었다고 합니다. 조선 중기에 한 장군이 길을 걷다가
그슨대와 마주쳐 칼로 베었는데 그슨대를 칼로 베면 벨수록 커져 하늘
에 닿을 정도였고, 결국 장군을 집어 던져 죽여 버렸다고 합니다. 그슨
대는 빛이나 불을 이용해 그림자의 본체를 없애 퇴치할 수 있다고 하며,
가재를 매우 좋아해서 가재를 던져주고 도망가면 살 수 있다고 합니다.

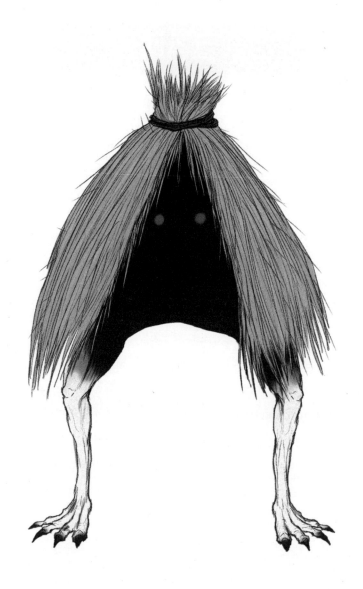

그슨새

제주도 민담 ✤ 귀신형 (1.6m)

'우장(빗물을 막기 위해 덮는 것)'을 뒤집어쓰고 다니는 괴물이라고 합니다. 그슨새는 제주도에서 나타나며 사람을 홀려서 죽게 만드는데, 밤보다는 낮에 나타나 혼자 있는 사람을 노린다고 합니다. 펄럭거리며 공중을 날아다니다가 사람을 덮치면 그 사람은 넋이 나가 죽는다고 합니다. 그슨새에게 홀린 사람은 정신을 차리지 못하게 되는데 다른 사람이 말을 걸면 다시 정신을 차릴 수 있다고 합니다.

예전에 한 농부가 밭을 갈고 돌아와 이웃집 친구에게 갔는데 친구가 이상한 행동을 하고 있었습니다. 밭을 갈다가 소를 세워놓고 소의 고삐를 풀어 자신의 목에 감아 조였다 풀었다 반복하더니 갑자기 나무에 고삐를 묶고 목을 매달았습니다. 이 모습을 본 농부가 놀라서 달려가 줄을 풀고 어찌 된 일인지 물으니, 친구가 일을 하던 도중 우장을 입은 자가 날아와 자신의 목에 고삐를 걸고 조였다 풀었다 하며 죽이려고 했다는 일화가 있습니다.

금돼지

한국 전설 ❖ 동물형 (1~2m)

금빛 털을 지닌 돼지 괴물입니다. 마산 앞바다에 있는 '월령도'라는 섬에 서식한다고 하며 아름다운 여성들을 납치해 잡아먹거나 자신의 시중을 들게 합니다. 힘이 굉장히 세고 도술과 변신술이 뛰어나 퇴치하기 어렵지만, 사슴 가죽, 백마 가죽 그리고 양가죽으로 쉽게 소멸시킬 수 있다고 합니다.

예전 어느 마을에 현감(縣監)이 부임했다 하면 부인이 자꾸 사라지는 기이한 일이 생겨 새롭게 부임한 현감이 꾀를 내어 부인의 옷에 실을 꿰매 놓았다고 합니다. 다음 날, 부인이 사라지자 현감은 실을 따라 어느 동굴 안으로 들어가게 되었고, 실이 이어진 것으로 보아 그곳에 사는 금돼지가 범인이라는 것을 알게 되었습니다. 현감은 곧바로 금돼지의 약점인 사슴 가죽을 가져와 금돼지를 퇴치하고 부인을 구해냈다고 합니다. 이후 부인은 아들을 낳았는데 이 아들이 바로 통일신라시대의 유명한 학자인 '최치원'이라고 하며, 최치원은 금돼지의 아들이라는 이야기가 전해지고 있습니다.

금혈어

한국 전설 ❖ 어류형 (0.06~0.09m)

칼날 같은 지느러미와 비늘을 가지고 있는 물고기 괴물입니다. 금혈어는 바닷속에서 수천 마리가 항상 떼를 지어 다닌다고 합니다. 굉장히 작은 몸집이지만, 고래의 천적으로 고래 고기를 가장 좋아한다고 합니다.

금혈어가 고래를 만나면 팔(八)자 모양으로 진을 치고 고래를 둘러싸 점점 끝을 구부려 고래의 몸 안으로 들어간다고 합니다. 몸 안으로 들어간 금혈어들은 날카로운 지느러미를 이용해 고래의 창자를 뚫고 나와 고래를 죽이고 뼈만 남을 때까지 뜯어먹고 자리를 떠납니다. 이 때문에 고래는 금혈어만 보면 도망가기 바쁘며 운 좋게 금혈어의 포위를 벗어난다 해도 다른 곳에 있던 금혈어들이 고래를 둘러싸고 순식간에 덮쳐와 결국 목숨을 잃게 된다고 합니다.

기바

일본 전설 ❖ 인간형 (1.4~1.5m)

　인간 여성 모습의 괴물입니다. 기바는 머리에 금빛이 나는 머리장식을 달고 있으며 풀색 옷차림을 하고 있다고 합니다. 날씨 변화가 잦은 날에 하늘에서 갑자기 나타나며 말을 노리고 찾아온다고 합니다. 기바가 노린 말은 무조건 목숨을 잃을 뿐만 아니라 기바가 미소를 짓기만 해도 이상 행동을 하며 날뛰다가 죽게 된다고 합니다. 기바가 땅으로 내려올 때 이상한 기운을 느낀 말은 큰 소리로 울어대지만, 저항할 수 있는 방법은 없다고 합니다.

　오래전 말 가죽을 팔던 집안의 딸이 주변에서 차별을 받다가 자살을 한 후 기바가 되었다는 이야기와, 기바가 되어 말을 죽이고 부친의 말가죽 장사를 돕는다는 이야기가 전해지고 있습니다.

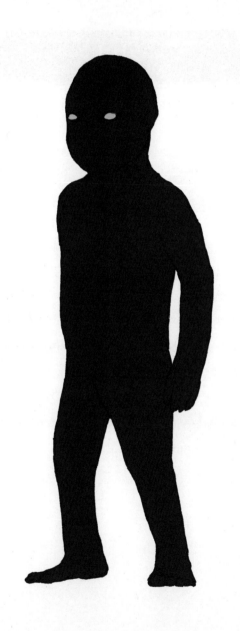

꺼먹살이

한국 설화 ✤ 인간형 (1~1.5m)

온몸이 검은빛으로 덮여 있는 괴물이라고 합니다. 어린아이의 모습을 하고 있으며 주로 산모퉁이에서 갑자기 튀어나와 사람을 놀래킨다고 합니다. 사람 앞에서 '나는 꺼먹살이 꺼먹살이 꺼먹살이'라고 외치면서 정신없이 뛰어다닌다고 합니다.

1960년대 초반 신씨 할머니가 산모퉁이를 돌려고 하는데 갑자기 꺼먹살이가 튀어나와 길을 막았고, 할머니는 무섭지 않은 척 당당하게 "뭐야? 도깨비야?" 라고 하며 큰 소리로 물었습니다. 그래도 꺼먹살이는 할머니를 계속 쫓아다녔지만, 할머니가 냇물을 건너며 "여기도 쫓아올 수 있으면 쫓아와 봐." 하니 더는 쫓아오지 않았다고 합니다. 꺼먹살이는 겁을 먹고 도망치는 사람을 쫓아가 계속 괴롭히는 습성을 가지고 있어서 무서워하지 않고 당당한 모습을 보여야 물리칠 수 있다고 합니다.

나가

인도 신화 ✤ 동물형 (측정 불가)

거대한 뱀의 모습을 한 괴물이라고 합니다. 나가는 코브라의 모습과 가장 유사하다고 하며 사람의 모습으로 자유롭게 변할 수 있다고 합니다. 사람의 모습으로 변한 나가의 목 언저리에는 둥그런 코브라 모양이 있으며 남성의 모습을 '나가', 여성의 모습은 '나기니'라고 부른다고 합니다. 인간의 모습뿐만 아니라 동물들이나 사물의 모습으로 변할 수도 있으며 하늘을 나는 능력을 가지고 있다고 합니다. 나가는 이 능력을 통해 천상과 지상 그리고 저승까지 자유롭게 드나들며 생활한다고 합니다.

또한, 이들은 샘이나 바다에 서식한다고 하며 실제 코브라처럼 강력한 독을 가졌다고 합니다. 독을 사용해 샘을 뜨겁게 끓어오르게 만들고 주변의 나무들을 태워버린다고 합니다. 나가의 독은 사람이 사용하면 다른 괴물을 쫓아낼 수 있는 힘을 낸다고 합니다.

나찰조

중국 신화 ✦ 조류형 (1.5~2m)

닭과 학이 섞인 거대한 새의 모습을 한 괴물이라고 합니다. 몸에는 회색털이 덮여 있으며 갈고리 같은 부리와 큰 발톱을 가지고 있습니다. 나찰조는 묘지의 시체들의 음기가 모여서 생겨났다고 하며, 사람들을 습격해 잡아먹는데, 특히 사람의 눈알을 가장 좋아한다고 합니다. 굉장히 영악하고 잔인한 성격에 인간으로 변신하는 능력도 가지고 있어 사람들에게는 매우 위험한 존재로 여겨진다고 합니다.

청나라 시대 때 한 신부의 가마가 신랑 집으로 가던 중에 무덤을 지나갔는데, 나찰조가 가마를 습격해 가마 속 신부로 변해 따라왔다고 합니다. 도착한 후 가마를 열어보니 신부가 둘이나 있었고, 외모가 너무 똑같아 구분할 수 없었다고 합니다. 신랑은 하는 수 없이 둘 다 신부로 맞이하였는데 첫날밤을 보내려는 순간 나찰조가 변신을 풀고 신랑과 신부를 공격하였습니다. 비명을 들은 사람들이 달려와 나찰조를 쫓아내어 신랑과 신부는 목숨을 건졌지만, 이미 양쪽 눈을 다 잃은 후였다고 합니다.

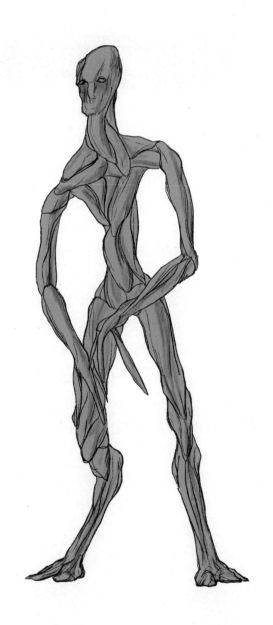

녹두 군사

한국 설화 ❖ 식물형 (1.6~1.8m)

병사의 모습을 한 괴물이라고 합니다. '녹두병'이라고도 불리며 곡식의 낱알이 사람의 모습으로 변해 만들어진 식물 군사라고 합니다. 주술사의 주술로 만들어져서 술사의 명령만을 따르고, 술사가 전투 불능이 되거나 목숨을 잃으면 함께 사라진다고 합니다.

녹두 군사는 몸이 식물로 이루어져 고통을 느끼지 못한다고 하며 만들어질 때부터 완전한 모습과 강한 능력을 가지고 있습니다. 완전해지기까지는 약 1년의 세월이 필요하며, 그 안에 바람을 쐬면 녹아 없어진다고 합니다. 녹두 군사를 만들 때 선택한 곡식의 색에 따라 군사들의 의상과 색이 달라지며, 사람의 모습을 한 군사뿐만 아니라 군사의 무기와 말 같은 존재들도 만들어낼 수 있다고 합니다.

녹랑·홍랑

중국 민담 ❖ 인간형 (1.5~1.8m)

고양이의 모습을 한 괴물이라고 합니다. 녹랑과 홍랑은 항상 함께 다니는 한 쌍의 남,녀 괴물로, 녹랑은 남자의 모습, 홍랑은 여자의 모습을 하고 있다고 합니다. 누군가의 주술에 의해 생겨난 이들은 다른 사람을 저주할 때 쓰인다고 하며, 강력한 힘을 가지고 있어 다른 사람을 죽일 때 많이 이용된다고 합니다. 녹랑과 홍랑은 색욕이 강하고 사람들의 정기를 흡수하는 귀신으로 정기를 흡수할수록 힘이 강해진다고 합니다.

아주 오래전 중국 광동성에 주로 나타나서 많은 미혼 남녀를 홀리고 죽음에 이르게 했다고 합니다. 녹랑이 여자에게, 홍랑이 남자에게 들어가면 그 사람들을 구할 수 있지만, 반대로 녹랑이 남자에게, 홍랑이 여자에게 들어가면 그들은 반드시 죽음을 맞이하게 된다고 합니다.

놋페라보

일본 전설 ✤ 인간형 (2m)

사람의 형상을 하고 있지만, 눈, 코, 입이 없는 얼굴을 가진 괴물이라고 합니다. 여성과 남성의 모습으로 모두 나타난다고 하며, 어두운 밤길에 가만히 서서 말을 걸어오는 사람에게 얼굴을 보여주며 놀래켜 달아나게 만들거나 포장마차나 국수집에 있다가 오는 손님을 놀래킨다고 합니다. 단지 사람들을 놀라게만 할 뿐 다른 해는 끼치지 않는다고 합니다.

놋페라보를 만난 사람의 옷에는 몇 가닥의 털이 붙어 있다고 하는데, 이는 너구리나 오소리가 사람을 놀라게 하기 위해 변신한 괴물이라는 이야기가 있습니다. 한국에서는 '달걀귀신'으로 알려진 괴물입니다. 또한 놋페라보는 달걀과 같이 매끄러운 사물을 지칭하거나 자신의 생각을 잘 표현하지 못하는 사람을 표현하는 말로 쓰인다고 합니다.

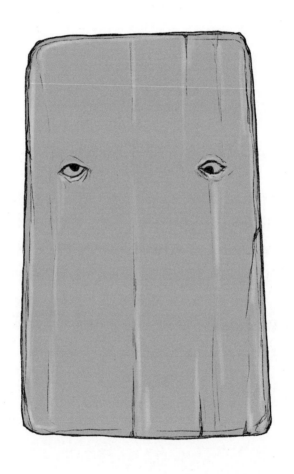

누리카베

일본 민담 ✤ 귀신형 (측정 불가)

　벽의 모습을 한 괴물이라고 합니다. 보이지 않는 벽으로 불리기도 하며 해안 근처에서 주로 나타난다고 합니다. 사람이 혼자 어두운 밤길을 걷고 있으면 갑자기 나타나 앞을 가로막아 버린다고 합니다. 누리카베를 그냥 지나치려 해도 옆으로 계속 이어져 있어 쉽게 벗어나지 못하고 당연히 앞으로도 나아갈 수 없다고 합니다. 이때 지팡이를 들고 누리카베의 아랫부분을 툭툭 쳐야 사라진다고 합니다. 벽의 윗부분을 치면 절대로 없어지지 않아 그 사람은 아무데도 가지 못하게 된다고 합니다.

　누리카베는 실제로 눈에 보이지 않기 때문에 피하거나 예방할 수 없어 굉장히 주의해야 한다고 하며, 일부 지역에서는 이 현상을 동물 요괴가 사람들에게 장난치는 것이라는 이야기가 전해지고 있습니다.

누에

일본 민담 ❖ 혼합형 (2~3m)

　다양한 짐승이 섞인 모습의 괴물로, 호랑이나 너구리의 몸통에 원숭이 머리와 뱀의 꼬리를 가지고 있다고 합니다. 여러 짐승이 섞여 있어 자신이 원하는 모습으로 자유롭게 모습을 바꿀 수 있다고 합니다. 누에는 사람을 직접적으로 해치지는 않지만, 기분 나쁜 울음소리로 사람들을 두렵게 만든다고 합니다. 울음소리는 새소리와 비슷하기도 하며 사람이 들으면 소름이 돋는다고 합니다.

　누에는 일반 민가에는 나타나지 않고, 궁궐에 나타나 사람들을 불안하게 만든다고 합니다. 누에가 나타날 때는 검은 안개가 함께 피어오르며 주변이 어두워진다고 합니다. 오래전 누에가 실제로 나타났을 당시 한 무사가 검은 안개 속에서 보이는 그림자에 활을 쐈는데, 쿵 떨어지는 소리가 나며 목숨을 잃은 누에가 바닥에 떨어져 있었다고 합니다.

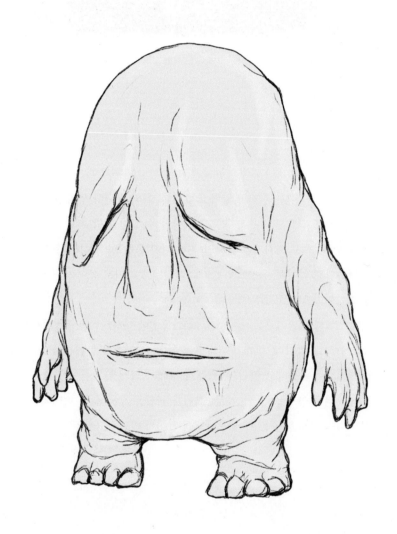

늦페후호후

일본 민담 ❖ 요괴형 (1~1.2m)

얼굴과 몸이 구별되지 않으며 눈, 코, 입이 제대로 달리지 않은 모습의 괴물이라고 합니다. 몸통에 얼굴이 박혀 있는 듯한 모습으로 몸 전체가 흘러내려 어디가 어딘지 제대로 구분조차 할 수 없다고 합니다. 하얀 가루를 칠해놓은 듯한 밝은 피부색에, 손과 발이 달려 있긴 하지만 손가락과 발가락도 구분하기 어려워 보이는 모습입니다. 멀리서 보면 커다란 고깃덩어리처럼 보이기도 하며 누군가 접근하면 빠른 속도로 도망가기 때문에 제대로 보거나 잡을 수 없다고 합니다.

늦페후호후가 지나간 자리나 주변에는 썩은 고기 냄새가 풍긴다고 합니다. 늦페후호후는 사람을 마주치면 친근하게 다가가서 방심하게 한 후 자신의 본래 모습을 보여주고 놀라게 만든다고 합니다.

니쿠스이

일본 민담 ✦ 인간형 (1.5~3m)

아름다운 인간 여성의 모습의 괴물로, 니쿠스이의 실제 모습은 사람보다 훨씬 거대하고 뼈만 남아 있는 시체와 같다고 합니다. 사람들의 살을 빨아 먹는다고 하며, '호호', '호오호오'라는 소리를 내며 나타난다고 합니다. 늦은 밤 산속에서 혼자 걷고 있는 남성을 주로 공격하며 불을 빌려 달라고 하면서 접근하는데, 이때 불을 빌려주다가 니쿠스이의 몸에 조금이라도 닿으면 순식간에 살이 빨려 들어가 가죽만 남고 바로 목숨을 잃게 된다고 합니다.

하지만 니쿠스이는 불이나 총에 약해서 들고 있는 불을 휘두르거나 총을 쏘면 금방 쫓아낼 수 있다고 합니다. 니쿠스이가 나타나는 지역에 사는 사람들은 니쿠스이의 습격을 대비해 등과 등잔불을 따로 챙겨들고 다녔다고 합니다.

닷발

한국 설화 ✤ 조류형 (15m)

새의 모습을 한 괴물로, 꼬리깃과 부리가 각각 닷발(7.5m) 크기여서 닷발 괴물이라고 불린다고 합니다. 닷발 괴물은 보통 새의 형태로 가장 많이 나타난다고 합니다.

예전 어느 마을에 살던 아들이 잠시 밖에 나갔다 와보니 부모님이 죽어 있었습니다. 이웃에게 이유를 묻자 닷발 괴물이 와서 물어 죽였다고 했습니다. 이에 아들은 괴물을 찾아 길을 떠났고, 여정 중에 들린 마을에서 괴물의 행방을 물어보니 마을 사람들은 그에게 갖가지 부탁을 했고, 아들이 이 모든 일을 해주고 나니 수수밭을 알려주면서 그 수수밭에 있는 가장 큰 수수대를 뽑으면 괴물이 사는 구멍이 나온다고 알려주었습니다. 구멍에 들어간 아들은 닷발 괴물이 밥을 해 먹을 때마다 숨어서 밥을 훔쳐 먹었고, 이에 화가 난 닷발 괴물이 도둑을 잡겠다고 가마솥으로 들어갔습니다. 이때 아들이 다시 밖으로 뛰쳐나와 가마솥의 뚜껑을 닫고 불을 지펴서 닷발 괴물을 물리치면서 부모님의 원수를 갚을 수 있었다고 합니다.

도깨비

한국 민담 ✣ 인간형 (1~2m)

사람의 모습을 한 괴물로, 본 모습은 다양한 사물의 형태라고 합니다. 형태가 없는 불이나 물의 모습으로 나타나는 도깨비도 있고, 크기도 매우 다양하여 어린아이, 여성, 남성 등 다양한 모습으로 나타난다고 합니다.

도깨비는 대부분 나무 방망이를 가지고 다니며 신비한 주술을 부리거나 주술이 담긴 물건을 사용하고 사람들에게 장난치는 것을 좋아합니다. 가끔 인간들에게 엄청난 재물을 가져다주기도 하며 바라는 것을 이루어줄 때도 있습니다. 인간들과 친밀한 관계를 유지하며 남성 인간을 만나면 '김서방'이라는 호칭으로 부르는데, 한국에 김씨 성을 가진 사람이 가장 많아서 사람들이 모두 김씨 성을 가지고 있다고 착각하는 것이라고 합니다. 도깨비는 아주 오래전부터 두두리, 돗가비 등의 이름으로 불리며 존재해 왔다고 합니다.

도도메키

일본 전설 ✤ 인간형 (1.5~1.6m)

인간 여성의 모습을 한 괴물로, 백목귀로도 불리며 팔에 백 개의 새의 눈이 붙어 있다고 합니다. 오래전에 소매치기를 하며 살던 여자가 있었는데 선천적으로 길었던 자신의 팔을 이용해 다른 사람의 물건을 훔치며 생활하고 있었습니다. 그런데 여자가 소매치기를 할 때마다 동전의 정령들이 그녀의 팔에 하나씩 달라붙어 빼곡히 차게 되었고 여자는 괴물이 되었다고 합니다.

옛날 동전은 가운데가 뚫린 동그란 모양이었는데 그 모양이 꼭 새의 눈처럼 생겨서 여자의 팔에 새의 눈이 나타난 것이라고 합니다. 도도메키는 밤에만 돌아다니며 길에서 지나가는 사람을 붙잡고 이야기를 하다가 팔을 보여 주면서 사람을 놀라게 합니다. 그러나 사람을 단순히 놀라게만 할 뿐 쫓아가거나 위협을 가하지는 않는다고 합니다.

도올

중국 신화 ✤ 혼합형 (11m)

호랑이의 몸에 사람의 얼굴을 가지고 있는 괴물입니다. 날카롭고 긴 어금니는 멧돼지처럼 길게 나 있으며 몸통에는 5m의 긴 꼬리가 달려 있다고 합니다. 도올은 중국의 4방으로 쫓겨난 네 마리의 악신인 '사흉' 중 하나이며 성격이 매우 난폭하고 거만하다고 합니다. 먼 서쪽 땅에서 살고 있으며 사람들에게 악행을 저지르고 항상 평화를 깨트리려는 생각을 하고 있다고 합니다.

고집도 굉장히 세서 다른 이의 말은 전혀 듣지 않고 자신의 마음대로 행동하며 싸움이 나면 절대 후퇴하지 않고 죽을 때까지 싸워 댑니다. 이 때문에 도올은 거만한 승냥이에 가르치기 어렵다는 뜻의 오한(傲狠)과 난훈(難訓)이라는 별명이 붙게 되었다고 합니다. 또한, 도올은 지능도 높아서 사람들이 덫을 놓아도 다 피해 다닌다고 합니다.

두억시니

한국 전설 ✦ 인간형 (1~3m)

사람의 모습을 한 괴물로 도깨비와 비슷한 특징을 가지고 있다고 합니다. 하지만 두억시니는 도깨비들의 왕이거나 비슷하지만 다른 종족이라는 이야기가 전해지고 있습니다. 두억시니의 모습은 굉장히 다양하며 모두 다른 힘을 사용할 수 있다고 합니다. '머리를 짓누르는 귀신'이라는 뜻을 가지고 있는데 매우 사납고 못된 존재를 의미하기도 합니다.

오래전 한 마을에서 잔치를 열고 있었는데 갑자기 어린아이가 나타났다고 합니다. 그 아이는 굉장히 사나워 보였고 사람들은 모두 아이를 쫓아내려 했습니다. 아이를 잡아끌거나 몽둥이로 때리기도 했지만, 아이는 눈 하나 꿈쩍하지 않았습니다. 그제서야 사람들은 그 아이가 사람이 아닌 것을 깨닫고 무릎을 꿇고 절을 하며 빌기 시작했습니다. 한참 뒤에 아이가 갑자기 웃으며 나가서는 그대로 자취를 감추었고, 사람들은 두려움에 떨며 잔치를 끝내고 모두 집으로 돌아갔습니다. 바로 다음날부터 그 잔칫집에 갔던 사람들 사이에서 전염병이 퍼졌고 아이를 욕하거나 때렸던 사람들은 머리가 깨져 가장 먼저 죽었다고 합니다.

라이쥬

일본 설화 ✤ 동물형 (0.6m)

　족제비 모습의 괴물입니다. 라이쥬는 고양이나 수달의 모습과도 흡사하다고 여겨지며 다양한 모습으로 묘사되고 있습니다. 윤기가 흐르는 털에 날카로운 발톱과 두 갈래로 갈라진 꼬리를 가지고 있으며 울음소리는 천둥과 비슷하다고 합니다.

　라이쥬는 사람들에게 해를 끼치는 괴수로 비가 쏟아지고 천둥번개가 치는 날 벼락과 함께 땅에 떨어져 지상의 모든 생물에게 해를 입힙니다. 하지만 사람이나 커다란 가축을 잡아먹지는 않으며 작은 동물이나 파충류를 주로 먹는다고 합니다.

　라이쥬는 이동할 때마다 구름을 타고 이동하며 이때 항상 천둥이 친다고 합니다. 라이쥬가 물속에 있으면 비바람을 몰고 오고 두 눈은 태양과 달처럼 밝은 빛을 낸다고 합니다. 예전에 낙뢰가 많이 내리던 지역에서는 라이쥬가 마을 주변에 서식한다고 생각해 다양한 방법으로 라이쥬를 포획했고, 이 때문에 낙뢰가 멈추게 되었다는 많은 전설이 내려오고 있습니다.

랑다

인도네시아 신화 ✤ 인간형 (1.5~1.7m)

　인간 여성의 모습을 한 괴물로, 붉은 얼굴에 튀어나올 것 같은 눈과 허리까지 길게 늘어진 혀, 입 밖으로 튀어나온 네 개의 엄니가 있으며 머리는 항상 길게 풀어 헤친 있는 모습이라고 합니다.

　랑다는 갓난아이를 잡아먹으며 흑마술을 부리는 사악한 존재로, 하급 악마들이나 다른 괴물들을 조종할 수 있는 능력이 있으며 자유자재로 다른 생물로 변신하는 능력을 가지고 있다고 합니다. 사람들에게 저주를 퍼붓거나 질병을 퍼트려 목숨을 잃게 만들고 농작물을 상하게 만들어 피해를 준다고 합니다. 하지만 변덕을 부려 사람들의 고통이나 질병을 치유해주는 마법을 쓰기도 하는데, 이 때문에 일부 지역에서는 랑다를 여신으로 숭배하고 마을의 수호신으로 여긴다고 합니다.

로쿠로쿠비

일본 민담 ✦ 인간형 (1.5~1.7m)

　목이 길게 늘어나는 괴물입니다. 낮에는 보통 사람의 모습이지만, 밤이 되면 목이 길게 늘어나는데, 일반인보다 창백한 안색을 제외하고는 다른 점이 없다고 합니다. 밤에 잠을 자고 있으면 자신도 모르게 목이 늘어나 버리며 목이 늘어날 때는 목 주변에서 연기가 나온다고 합니다. 천장에 얼굴이 닿을 정도로 목이 길게 늘어나지만, 누군가 로쿠로쿠비를 목격하거나 잠에서 깨게 되면 원래대로 돌아온다고 합니다.

　로쿠로쿠비는 단지 잠을 잘 때 목이 늘어나는 것일 뿐 주변에 해를 끼치지는 않으며 오히려 사람들의 눈을 피해 숨어 사는 경우가 많다고 합니다. 로쿠로쿠비는 여성과 남성 모두 존재하지만, 여성의 모습으로 더 많이 나타난다고 합니다.

묘두사

한국 설화 ✤ 혼합형 (1~1.5m)

　뱀의 몸에 고양이의 머리가 달린 모습이라고 하며, 묘두사는 깊은 굴 속에서 지내며 비가 오는 날마다 푸른 연기를 내뿜는데 이 연기에는 치유 능력이 있다고 합니다. 사람이나 짐승이 이 연기를 쐬면 질병이 사라지고 활력을 되찾아주기 때문에 묘두사의 동굴 앞에는 사람들이 모여들어 음식과 향을 올렸다고 합니다. 묘두사도 이에 반응하여 사람들이 주는 음식을 잘 받아먹고 사람들을 내치지 않았다고 합니다.

　어느 날 중이 병에 걸려 묘두사의 동굴 앞에 앉아 있었는데 갑자기 병이 나았고, 소문을 들은 사람들은 이때부터 묘두사를 숭배하기 시작했다고 합니다. 이 숭배는 몇십 년 동안 지속되었지만, '박만호'라는 자가 묘두사를 보고 놀라 활로 쏘아 버렸다고 합니다.

무스칼리엇

인도 전설 ✤ 동물형 (0.2~0.3m)

다람쥐의 모습을 한 괴물입니다. 얼굴은 족제비와 비슷해 보이기도 하며 입에는 멧돼지의 엄니와 비슷한 이빨이 나 있습니다. 작은 몸집에 귀여운 외모지만, 날카로운 이빨과 발톱은 무엇이든 파괴할 수 있는 힘을 가지고 있다고 합니다.

무스칼리엇은 주로 산속에서 서식한다고 하며, 커다란 꼬리의 힘을 이용해 굉장히 빠른 속도로 나무를 타고 돌아다니며 과일이나 꽃 등을 주식으로 먹습니다. 나무 위의 무스칼리엇은 그 누구도 따라잡을 수 없는 속도를 낸다고 합니다. 나무뿌리를 갉아 먹기도 하는데, 무스칼리엇이 갉아 먹은 나무는 뿌리부터 썩어서 결국 시들어 죽어버린다고 합니다.

무지기

중국 신화 ❖ 동물형 (15m)

　푸른 털을 가진 거대한 원숭이 괴물입니다. 무지기의 푸른 털은 몸이 청동으로 이루어져 있다고 합니다. 머리에는 흰 털이 나 있고 금빛이 나는 눈과 쇠 같은 발톱을 가지고 있습니다. 자신의 목을 키의 4배 정도로 늘리고 다니며 코끼리 여러 마리를 합친 것보다 센 힘을 가지고 있다고 합니다. 번개와 강풍을 다루는 능력을 가지고 있으며 불로불사에 가까운 강한 생명력을 지녔다고 알려져 있습니다.

　오래전 한 어부가 낚시를 하다가 엄청난 무게의 무언가를 발견하고 물속으로 뛰어들어 봤더니 커다란 쇳덩이가 물속에 가라앉아 있었다고 합니다. 어부는 이 사실을 '이탕'에게 고했고 다른 어부들과 50마리의 소를 동원해 쇳덩이를 꺼내게 했습니다. 쇳덩이 끝에는 원숭이를 닮은 괴물이 연결되어 있었으며 이때 바다에서는 소용돌이가 일어났다고 합니다. 눈을 감고 있는 무지기 주변으로 악취가 퍼져 사람들은 쉽게 다가갈 수 없어 기다리기만 하는데 시간이 흐르자 눈을 뜬 무지기가 날뛰기 시작했습니다. 이에 사람들은 다 도망가 버렸고 무지기는 남은 소들을 데리고 바닷속으로 사라졌다고 합니다.

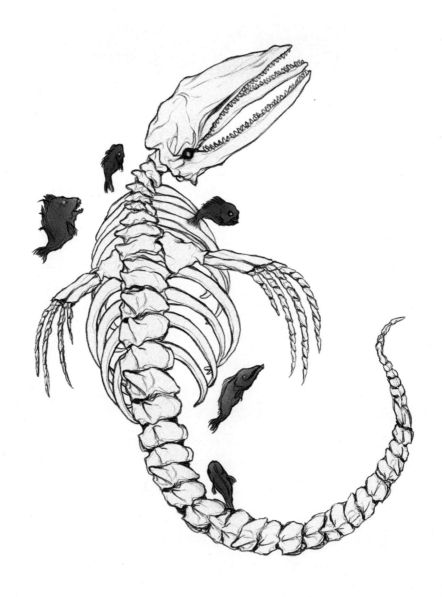

바케쿠지라

일본 설화 ❖ 어류형 (15m)

고래의 모습에 뼈만 남아있는 괴물입니다. '바케쿠지라(化鯨)', '호네쿠지라(骨鯨)'라고 불리기도 합니다. 바케쿠지라가 모습을 드러내는 곳에는 흉작이나 전염병 등의 끔찍한 저주가 함께 나타나며 현재까지 단 한 번만 모습을 드러냈다고 합니다.

일본 서쪽에 위치한 '시마네 현'의 어느 비가 오는 날 밤, 커다랗고 하얀 물체가 배 쪽으로 다가와 어부들이 작살을 던졌지만 하얀 물체는 미동도 없었고, 이를 이상하게 여긴 어부들이 확인해 보니 하얀 뼈만 남은 커다란 고래였습니다. 이 고래 주변으로 기이한 물고기들과 새들이 함께 나타났다가 바닷물이 움직이면서 다 함께 사라졌다고 합니다. 육지로 돌아온 어부들이 바케쿠지라에 대한 이야기를 퍼트렸지만, 바케쿠지라는 그 이후에 한 번도 모습을 드러내지 않았고, 한편 시마네 현에는 바케쿠지라가 불러온 전염병이 돌아 많은 사람들이 죽었다고 합니다.

백두산 야차

중국 설화 ❖ 야수형 (1.5~2m)

온몸에 털이 나 있는 거대한 괴물입니다. 사나운 인상에 풀어헤친 머리카락이 어깨까지 내려와 있으며 엄청난 괴력을 가지고 있다고 합니다. 백두산 야차는 등에 항상 새끼를 업고 다닌다고 합니다.

오래전 늙은 사냥꾼이 자신이 젊었을 때 백두산에 갔다가 야차를 목격했다며 이야기를 전하고 다녔습니다. 사냥꾼은 사슴을 사냥하러 백두산에 갔었는데, 갑자기 거인 괴물이 나타나 사슴을 맨손으로 찢어 죽였다고 합니다. 어디서 나타났는지도 알 수 없었으며 백두산 야차는 사슴을 보자마자 달려들어 죽인 후 등 뒤의 아이에게도 나누어 주었다고 합니다. 사냥꾼은 풀숲에 숨어 그 광경을 모두 지켜보았고 백두산 야차가 다시 사라질 때까지 그대로 있다가 겨우 목숨을 구할 수 있었다고 합니다.

백록

한국 전설 ❖ 동물형 (1.5~2m)

사슴의 모습을 한 괴물입니다. 백록은 이름 그대로 '흰 사슴'을 의미
하며 제주도 한라산 정상에 있는 '백록담(白鹿潭)'에 나타난다고 합니다.

원래 백록담은 선녀들이 매년 복날에 내려와 목욕을 하던 못으로, 한
라산 산신령은 선녀들이 목욕을 마치고 하늘로 올라갈 때까지 산 아래
에서 기다려야 했다고 합니다. 어느 날 산신령이 산 아래로 내려가지 못
하고 선녀들이 옷을 벗는 모습에 넋이 나가 바라보고 있었습니다. 선녀
들은 산신령을 발견하고 너무 놀라 그대로 하늘로 올라가 옥황상제에게
고하였습니다. 이야기를 듣고 노한 옥황상제는 산신령을 바로 흰 사슴
으로 변하게 하였습니다. 이후 매년 복날에는 한라산 정상에 흰 사슴이
나타나 슬피 운다고 하여 한라산의 못을 백록담이라고 부르게 되었다고
합니다. 한편, 백록은 예전부터 사람들에게 복을 가져다주고 하늘과 땅
을 잇는 영적이고 신성한 징조로 여겨진다고 합니다.

백호

한, 중, 일 전설 ❖ 신수형 (2~3m)

흰 호랑이의 모습을 한 괴물입니다. 백호는 동서남북의 네 방위 중에서 서쪽을 지키는 수호신으로 가을을 상징합니다. 백호는 하얀 털을 가진 호랑이의 모습일 때도 있지만, 용의 형상으로 나타날 때도 많다고 합니다. 몸에는 용의 비늘 대신 호랑이 무늬가 있으며 날카로운 이빨을 가진 호랑이 얼굴이 달려 있는 모습이라고 합니다.

백호는 하늘과 바다를 자유롭게 오가며 비와 구름을 다루는 능력이 있다고 합니다. 이 능력으로 사람들에게 도움을 주기도 하며 의롭고 용맹한 성격으로 액운이나 악귀들을 물리치고 사람들을 보호해 준다고 합니다. 또한 백호는 산신령의 사자 역할을 하거나 불법을 수호하는 성스러운 존재라고 합니다.

베로나가

일본 전설 ❖ 요괴형 (1m)

긴 혀를 가지고 있는 괴물입니다. 베로나가는 어린아이의 모습과 비슷하게 보이며 긴 혀를 이용해 늪이나 강물을 들이마시고 마을에 토해내어 홍수를 일으키는 등의 심한 장난을 쳐서 사람들을 곤란하게 만든다고 합니다.

어느 날 베로나가의 장난을 보다 못한 '고보다이시(弘法大師)'가 자신의 혀와 내기를 하자고 하며 베로나가를 도발했습니다. 이에 화가 난 베로나가가 긴 혀를 쭉 뻗으며 고보다이시를 위협했는데, 고보다이시는 이를 놓치지 않고 굵은 밧줄에 베로나가의 혀를 묶어서 다시는 나쁜 짓을 하지 못하게 만들어 버렸다고 합니다. 현재 그의 독특한 모습 때문에 마귀를 쫓아낼 수 있다 하여 마귀를 쫓는 부적으로 사람들에게 많은 사랑을 받고 있다고 합니다.

베스 켐워

말레이시아 전설 ✦ 요괴형 (0.1~0.2m)

털이 나 있는 지렁이 모습을 한 괴물입니다. 베스 켐워는 항상 자신의 꼬리를 물고 몸을 동그란 모양으로 말고 있다고 합니다. 쌀이나 채소 등의 농작물을 주식으로 먹으며 평소에는 잘 보이지 않다가 2월이 되면 강가 주변에 나타난다고 합니다.

베스 켐워가 들어가 있거나 베스 켐워의 털이 떨어진 강의 물을 사람이 마시면 몸이 부어오르며 두드러기가 올라오고 기침이 심해져 출혈까지 생기게 됩니다. 출혈 후 초기에 치료를 받으면 금방 회복할 수 있지만, 시간이 지나면 통증이 심해지면서 먹지도 마시지도 못해 목숨을 잃게 된다고 합니다.

베스 켐워는 대부분 나뭇가지의 끝에서 서식한다고 하며, 베스 켐워가 있는 나무 근처를 지나는 사람들에게도 두드러기 증상이 생기며 온몸이 부어오른다고 합니다. 이 붓기는 두세 달이 지나야 겨우 없어진다고 합니다.

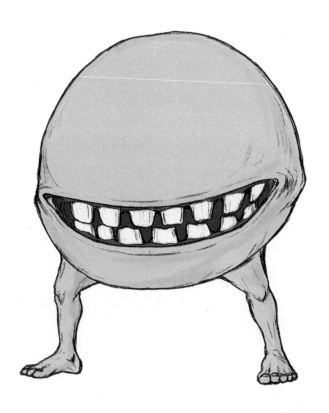

베토베토상

일본 민담 ✤ 요괴형 (1~1.5m)

밤길을 걷고 있는 사람의 뒤를 쫓는다는 괴물입니다. 주로 어두운 밤 중에 나타나 혼자 길을 걷는 사람의 뒤를 따라가면서 발소리를 낸다고 하며, 일부 지역에서는 언덕을 넘어갈 때만 베토베토상이 나타난다고 합 니다. 베토베토상은 사람에게 발소리만 들리게 할 뿐 다른 해는 끼치지 않는다고 합니다. 하지만 이 발소리가 불편하거나 무섭게 느껴진다면, "베토베토상, 먼저 지나가세요." 라고 말하면서 길 한쪽으로 비켜서면 곧장 발소리가 사라진다고 합니다.

베토베토상은 원래 형체가 없는 괴물이었지만, 한 창작자의 상상으 로 그려져 동그란 몸통에 미소 짓고 있는 큰 입과 발이 달려 있는 모습 이 되었다고 합니다.

보댜노이

러시아 민담 ❖ 인간형 (1.3~1.5m)

　인간과 비슷한 모습에 큰 발과 손이 달린 괴물입니다. 개체별로 겉모습이 조금씩 차이가 나며 온몸이 이끼, 털, 비늘 등으로 덮여 있거나 피부색이 다르다고 합니다. 대부분 연못이나 강 등의 물이 있는 곳에서 서식한다고 하며, 물속에서는 아무도 보댜노이를 해칠 수 없다고 합니다. 물속 깊은 곳의 보댜노이 서식지에는 모래나 나무 같은 쓸모없는 것들부터 값비싼 보석까지 다양한 물건들이 있다고 합니다.

　보댜노이는 물 밖으로 나가면 힘이 약해져 육지로 나가는 것을 별로 좋아하지 않지만, 가끔 육지로 나와 사람들 앞에 모습을 드러내기도 합니다. 자신의 본 모습으로 나타날 때도 있고 동물이나 일반 사람으로 변신해서 나타날 때도 있는데, 사람으로 변신한 보댜노이의 겉옷에서는 물이 계속 흐르기 때문에 이를 알아채고 피할 수 있다고 합니다.

보은섬여

한국 설화 ✤ 동물형 (0.3~0.5m)

보은섬여는 두꺼비의 모습을 한 괴물로 알려져 있습니다. 오래전 한 마을에 마음씨 착한 처녀가 부모를 모시며 살고 있었습니다. 어느 날 처녀가 부엌에서 밥을 짓고 있는데 두꺼비 한 마리가 앉아 있길래 밥을 주니 그대로 받아먹었다고 합니다. 그 후로 두꺼비는 소녀를 계속 찾아와 밥을 얻어먹었고 일 년이 지나자 두꺼비는 몸집이 거대해졌습니다.

처녀가 사는 마을에는 일 년에 한 번씩 처녀를 지네에게 제물로 바치는 풍습이 있었는데, 이번에는 처녀의 차례가 되어서 집을 떠나려 하자 두꺼비가 붙잡고 놓아주지 않았고, 하는 수 없이 두꺼비를 숨겨서 함께 갔습니다. 처녀는 제물이 되어 온몸이 묶인 채 지네를 기다렸고 밤이 되자 거대한 지네가 나타났습니다. 지네가 처녀를 잡아먹으려 하자, 두꺼비가 튀어나와 지네를 공격했습니다. 이를 본 처녀는 정신을 잃었고 다음 날 사람들이 와서 보니 두꺼비와 지네의 시체가 있었다고 합니다.

이후 처녀는 다시 집으로 돌아갈 수 있게 되었으며 마을 사람들은 두꺼비를 모시는 사당을 지어 명복을 빌어 주었다고 합니다.

불가살이

한국 전설 ❖ 혼합형 (0.3m)

곰의 모습에 코끼리 코가 달린 괴물로 사자와 비슷한 머리와 소의 꼬리를 가지고 있다고 합니다. 불가사리라고도 불리며 외관 또한 다양한 모습으로 전해지고 있습니다. 불가살이는 세상이 혼란에 빠졌을 때 나타나며 처음에는 아주 작은 모습에 순박한 성격이지만, 철을 먹으면 끝도 없이 커지고 성격이 거칠어지는 특성이 있다고 합니다. 몸도 매우 단단하여 쉽게 상처를 입힐 수 없고 털도 바늘처럼 뾰족해져 절대 죽일 수 없는 괴물입니다. 불가살이의 배설물 또한 단단해서 돌도 자를 수 있을 정도라고 합니다.

하지만 불에 약하여 불가살이를 만든 스님의 부적을 붙이면 철을 모두 토해내게 만들어 봉인할 수 있다고 합니다. 불가살이는 단순히 사람들에게 해를 끼치는 괴물이 아니라 어지러운 세상에 나타나 악한 것을 잡아먹고 어려운 사람들을 도와주는 수호신으로 여겨지기도 합니다. 또한 불가살이를 근처에 두면 악몽을 쫓아낼 수 있다고 합니다.

비익조

중국 전설 ✦ 조류형 (0.7m)

　새 모습의 암, 수 한 쌍 괴물입니다. 암컷과 수컷이 태어날 때부터 각각 하나의 눈과 날개만 지니고 있어서 항상 반려자에게 의지해야 하며, 자신의 짝을 찾지 못하면 날지 못한다고 합니다. 세상에서 하나뿐인 자신의 반려를 만나게 되면 가장 아름다운 모습으로 다시 태어나며, 두 개의 몸이지만 서로 한 몸이 되어 평생을 의지하며 함께 다닌다고 합니다.

　비익조는 통치자가 현명하여 천하를 잘 다스리면 날아온다는 이야기가 전해지며, 평생을 함께 날아다니기 때문에 부부의 깊은 애정과 영원한 사랑을 상징하기도 합니다. 한편, 비익조와 항상 함께 등장하는 '비목어(比目魚)'는 물고기로 암, 수의 눈이 각각 하나밖에 없어서 함께 나란히 해야 헤엄을 칠 수 있다고 합니다.

사오정

중국 신화 ❖ 인간형 (1.5~1.7m)

아주 못생긴 사람 모습의 괴물입니다. 사승(沙僧)이라는 이름으로도 불리며 '삼장법사'의 세 번째 제자로 알려져 있습니다. 어두운 피부색에 붉은 빛의 머리카락과 불꽃처럼 빛나는 눈을 가지고 있으며, 손에는 물갈퀴가 달려 있습니다. 그 물갈퀴 때문에 물에 사는 물귀신으로 오해받는 경우가 종종 있다고 합니다. 항상 9개의 해골로 만든 목걸이를 걸고 다니며 주변을 울릴 정도의 큰 목소리를 가지고 있다고 합니다. 그리고 변신술과 같은 도술을 사용할 줄 알며 엄청난 무술 실력을 가지고 있다고 합니다.

사오정은 원래 천계의 '권렴대장'으로 옥황상제를 호위하던 무사였는데 연회 중에 실수로 보물잔을 깨트리면서 벌을 받아 지상으로 쫓겨나게 되었습니다. 지상으로 온 사오정은 '유사하(流沙河)'에 머무르며 강을 건너는 인간을 잡아먹고 살다가 삼장법사의 제자가 되었으며, 여행이 끝나 '서천'에 도착한 후에는 '금신나한(金身羅漢)'이 되었다고 합니다.

한국 설화 ❖ 야수형 (1.5~1.7m)

　세 개의 머리와 아홉 개의 꼬리를 가진 괴물입니다. 삼두구미는 무덤 속의 시체를 파먹는다고 하며, 사람의 모습을 하고 있을 때도 있지만, 여우의 모습을 하고 있을 때도 있습니다. 여우가 사람으로 둔갑한 것일수도 있으며, 이 때문에 삼두구미는 구미호에서 유래된 괴물이라는 이야기가 전해지고 있습니다.

　삼두구미는 제주도에서 나타나는데 제주도 사람들은 삼두구미가 무덤을 훼손하지 못하도록 이장하는 풍습을 가지고 있다고 합니다. 이장할 때는 삼두구미가 알아채지 못하도록 원래 있던 무덤 속에 달걀과 무쇠덩이를 묻고 무덤 위에 버드나무를 꽂아둔다고 합니다. 이 물체들은 삼두구미가 가장 두려워하는 것들로 삼두구미를 쫓아낼 뿐만 아니라 소멸시킬 수도 있다고 합니다.

삼두일족응

한국 전설 ✤ 조류형 (1~2m)

매의 모습을 한 괴물로, 하나의 몸에 세 개의 머리와 하나의 발을 가지고 있으며 날카로운 부리와 발톱을 지니고 있다고 합니다. 용맹한 성격을 가지고 있으며 삼두일족응의 꼬리는 강력한 신통력을 상징한다고 합니다.

삼두일족응은 각각의 머리가 삼재(三災)를 쪼아 없애준다고 합니다. 사람은 9년마다 삼재를 맞이하게 되는데 삼재는 사람의 눈에 보이지 않아 피하거나 미리 대처하기가 힘들다고 합니다. 하지만 삼두일족응은 높은 곳에서 액운을 찾아내 없애주고 불운한 것을 막아준다고 합니다. 그래서 사람들은 오래전부터 액운을 막기 위해 삼두일족응의 부적을 만들어 몸에 지니거나 집 안에 붙여 놓았다고 합니다.

삼목구

한국 설화 ❖ 동물형 (1.5m)

눈이 세 개 달린 개의 모습을 한 괴물입니다. 삼목구는 원래 저승에서 길을 안내하는 '삼목대왕(三目大王)'이었으나 죄를 짓고 인간세계로 쫓겨났다고 합니다.

고려 시대 '이거인'이라는 자가 삼목구를 발견해 정성스레 길렀는데 3년이 지나자 삼목구가 먼저 세상을 뜨고 2년 후에 이거인이 세상을 뜨게 되었습니다. 이거인이 저승에 도착하니 삼목구가 그를 맞이하며 자신의 존재를 밝히고, 이승에서 자신을 잘 보살펴준 은혜를 갚기 위해 다시 이승으로 돌아갈 방법을 알려주었다고 합니다. 그 방법은 바로 염라대왕 앞에서 "팔만대장경을 완성하지 못하고 죽었다." 라고 말하는 것이었는데, 이 말을 들은 염라대왕은 이거인을 다시 이승으로 돌려보내 팔만대장경을 만들라 하였다고 합니다.

삼족오

동아시아 신화 ❖ 조류형 (측정 불가)

발이 세 개 달린 까마귀 모습의 괴물입니다. 삼족오는 금오(金烏), 준오(踆烏) 등으로 불리기도 하며 태양에 살면서 하늘의 신들과 지상의 인간세계를 연결해주는 신성한 길조로 알려져 있습니다. 생명을 잉태하는 태양을 상징하기도 하며 번영과 풍요를 불러오기도 합니다. 고대에는 하늘의 뜻을 사람들에게 전달해주는 신성한 새로 여겨지기도 했습니다.

삼족오가 실제로 사람들의 근처에 나타난 적은 없었지만, 하늘 높이 떠 있는 태양을 삼족오라 생각하거나 그 안에 삼족오가 살고 있다고 여겼다고 합니다. 삼족오가 고려 시대의 상징으로 알려져 있는 경우가 많이 있지만, 이는 정확한 근거를 찾을 수 없는 일이라고 합니다. 다양한 국가의 수많은 지역에서 삼족오 문양을 사용했던 흔적이 발견되어 특정 시대의 상징이라 단정짓기에는 어려움이 있다고 합니다.

상사석탕

한국 설화 ❖ 동물형 (1.5~1.8m)

도마뱀 모습을 한 괴물입니다. 오래전 '홍재상'이란 사람이 길을 걷는 중에 갑자기 비가 와 몸을 피하고자 작은 굴에 들어갔습니다. 굴에는 어린 비구니가 있었는데, 이야기를 나누며 마음이 통하였고, 떠나기 전 다음에 다시 만나자는 약속을 했습니다. 하지만 홍재상이 약속을 지키지 않아 비구니는 병을 얻어 목숨을 잃게 되었고, 홍재상은 이후 '남방절도사'가 되었습니다.

어느 날 홍재상은 이불 위로 도마뱀 하나가 올라온 것을 발견하고 부하를 시켜 밖에 내던져 죽이라고 하였습니다. 그러자, 그다음 날에는 더 큰 뱀이 들어와 있었습니다. 홍재상은 비구니의 원한이 아닌지 의심하였지만, 모두 죽이도록 명하였습니다. 매일 뱀이 찾아오고 죽이고를 반복하다보니 결국 거대한 구렁이가 찾아왔습니다. 홍재상은 모든 군졸을 불러 그 구렁이를 처치하려 했지만 막지 못했고, 다음날 구렁이는 다시 나타났다고 합니다.

결국 홍재상은 구렁이를 커다란 함에 넣어 밤에는 자신의 방에 두었다가 낮에는 사람을 시켜 짊어지게 하여 자신의 곁에 두었다고 합니다. 그러나 얼마 후 홍재상은 점점 쇠약해지다 결국 목숨을 잃었다고 합니다.

셀레스티얼 스태그

중국 전설 ✤ 요괴형 (1.5~1.7m)

사람과 비슷한 모습에 온몸에서 액체가 흘러내리는 듯한 형태의 괴물입니다. 셀레스티얼 스태그는 중국의 광산 깊은 곳에서 생겨났으며 광석을 채굴하던 광부들이 광산에 갇혀 있다가 희귀한 금속에 닿아 변하게 된 존재라고 합니다. 이들은 다시 광산 밖으로 나오고 싶어 하는데, 올라오다가 만난 다른 광부들에게 광석이 어디에 있는지 알려줄 테니 자신들을 위로 올려달라고 합니다. 이들의 부탁을 거절하면 광부는 고문을 당하며 죽게 되고, 밖으로 나오게 만들면 세상에 전염병이 퍼져 많은 생물이 목숨을 잃게 된다고 합니다.

셀레스티얼 스태그를 피할 수 있는 방법은 밖으로 나오기 전에 가두어 버리거나, 꺼내 주겠다고 약속한 후 대나무로 만든 리프트에 줄을 묶어 내려보내서 리프트에 태운 뒤 다시 떨어지게 만드는 것이라고 합니다.

손오공

중국 신화 ✦ 인간형 (1~1.5m)

　붉은 원숭이의 모습을 한 괴물입니다. '제천대성(齊天大聖)', '미후왕 (美猴王)'이라는 별칭을 가지고 있는 '삼장법사'의 첫 번째 제자로 알려져 있습니다. 손오공은 돌에서 태어나 돌원숭이라고 불리기도 했습니다. 손 오공은 72가지의 동물로 변신할 수 있는 도술을 부리며 굉장히 강한 능 력을 가지고 있다고 합니다.

　천계에 올라가 여러 직책을 수행했었지만, 천계의 보물인 복숭아와 음식들을 훔쳐 먹으며 천계를 어지럽게 만들었고 이에 노한 옥황상제 가 손오공을 잡아 가두라 명하였습니다. 하지만 아무도 그를 대적할 수 없어 결국 '석가여래'가 직접 나서서 손오공을 붙잡아 두었습니다. '오행 산'에 봉인된 손오공은 무쇠알과 구리 녹인 물을 먹는 벌을 받으며 지내 게 되었습니다.

　그렇게 500년이 지난 후, 손오공은 당나라 승려 삼장법사에게 구출되 어 함께 여행을 떠나게 되었습니다. 처음에는 삼장법사를 피해 도망 다 니기도 했지만, 삼장법사의 수제자가 되었고 그를 모시며 서천에 도착한 손오공은 '투전승불(鬪戰勝佛)'이라 불리게 되었습니다.

스나카케바바

일본 민담 ✤ 인간형 (1.5m)

할머니의 모습을 한 괴물입니다. 인적이 드문 숲이나 신사에 있는 나무 위에 앉아서 지나가는 사람의 머리 위로 모래를 뿌려 사람들을 괴롭힌다고 합니다. 실제로 모래를 뿌리지 않고 입으로 소리만 내서 사람을 놀라게 만드는 경우도 있으며 단순히 사람을 놀라게만 한다고 합니다.

스나카케바바는 이제까지 사람에게 자신의 모습을 한 번도 보여준 적이 없는데, 자신의 추한 모습이 싫어서 사람 앞에 나타나지 않는 것이라고 합니다. 일부 지역에서는 비가 오지 않을 때 모래를 비라고 생각하며 뿌리면서 기우제를 지내는 모습에서 스나카케바바가 생겨난 것이라고 믿고 있다고 합니다.

시나드

인도 전설 ❖ 동물형 (3~4m)

코뿔소 모습의 괴물입니다. 소보다는 크고 코끼리보다는 작은 몸집을 가지고 있으며 긴 혀에는 뾰족한 바늘이 돋아나 있는 모습이라고 합니다. 시나드의 혀는 치명적인 무기로 누군가를 핥으면 상처를 입히게 되며 고대 왕들은 시나드를 이용해 죄인들을 핥아서 고문했다고 합니다.

시나드의 암컷은 새끼가 다 자라서 달릴 수 있을 때까지 뱃속에 품고 지내는데, 다 자라기 전에 새끼가 나와 버리면 모성 본능에 따라 새끼를 핥으려 하기 때문입니다. 어미가 새끼를 핥게 되면 새끼는 상처를 입을 수 있기 때문에 다 자라서 도망칠 수 있을 때까지 어미의 뱃속에서 지내는 것이라고 합니다. 새끼는 종종 머리만 밖으로 내밀어 먹이를 먹고 다시 뱃속으로 들어간다고 합니다.

신구

한국 전설 ✦ 동물형 (0.5~0.6m)

눈이 네 개 달린 개의 모습을 한 괴물입니다. 신구는 액운과 잡귀를 쫓아내는 능력을 가지고 있으며 네 개의 눈이 어둠 속에서도 주변을 잘 감지할 수 있게 해준다고 합니다.

1600년대 '이창'이라는 자가 폐가를 찾아 형제들과 함께 들어가 보았는데 대청에 개 두 마리가 짖지도 않고 가만히 있었다고 합니다. 밤이 되어 개들이 뜰에 내려가 짖으니 집 뒤쪽에서 의관을 갖춰 입은 한 장부가 나와 대청에 앉았습니다. 그러자 갑자기 여러 마리의 잡귀가 나타나더니 장부 앞에서 절을 하였습니다. 그리고는 장부가 일어나 집을 한 바퀴 돌았고, 개들과 잡귀들도 뒤따라 돌다가 사라졌다고 합니다. 아침이 되어 이창이 대청과 집 뒤를 살펴보고 낡은 물건들을 찾아 모두 불태워버렸으나 그날 밤 다시 개들과 남자가 여전히 집 주변을 도는 것을 목격하고 다시는 그 집을 찾지 않았다고 합니다.

오래전부터 신구의 그림은 도둑을 막기 위해 문 앞에 붙여 놓기도 하였으며 액운을 쫓아내기 위한 부적으로 많이 사용했다고 합니다.

쌍두사목

한국 전설 ✤ 요괴형 (1.6~1.7m)

　머리가 두 개, 눈이 네 개 달린 괴물입니다. 사람과 비슷한 크기와 형상이지만, 머리에 뿔이 나 있으며 코가 찌그러지고 입이 축 처진 모습을 하고 있다고 합니다.

　쌍두사목은 어둠 속에 자신의 몸을 잘 숨기고 다녀서 사람들의 눈에 자주 띄지 않는다고 합니다. 하지만 집 안에 가끔 나타나 사람들을 놀라게 만들고 먹을 것을 달라고 합니다. 먹을 것을 주지 않으면 줄 때까지 난동을 부리는데, 이때 쥐고기를 구워 주면 쌍두사목을 없앨 수 있다고 합니다.

　쌍두사목은 사람들과 소통도 가능해서 자신과 잘 맞는 사람을 찾으면 주인처럼 섬기고 따라다닌다고 합니다. 조선시대 때 '신막정'이라는 사람이 실제로 집에서 쌍두사목을 목격했다는 이야기도 있습니다.

쓰치노코

일본 민담 ❖ 동물형 (0.3~1m)

　뱀의 모습을 한 괴물로, 평평한 몸통에 삼각형 머리와 가는 꼬리가 붙어 있습니다. 쓰치노코는 몸통의 길이가 다양하지만, 둘레는 약 10cm라고 합니다. 사람의 말도 할 줄 알며 술을 좋아한다고 합니다.

　쓰치노코는 여러 지역에서 출몰해 많은 사람이 목격했는데, 자신의 꼬리를 물고 둥그런 모양으로 굴러다니거나 평평한 배를 날개 삼아 나무 위를 날아다니기도 하고 물속을 헤엄쳐 다니기도 합니다. 당시 TV에도 나올 정도로 엄청난 화제를 몰고 다녔으며 사람들은 쓰치노코를 찾기 위해 현상금까지 걸었다고 합니다. 이후에도 쓰치노코를 잡기 위한 노력은 한참 동안 계속되었지만, 지금까지 쓰치노코를 포획한 사람은 아무도 없었다고 합니다.

아귀

일본 전설 ❖ 귀신형 (1.5~2m)

　사람이 죽어 아귀도에서 환생한 괴물로, 예전의 아귀는 생전에 욕심이 많고 질투가 많은 자가 되는 것이었지만, 현재는 굶주림이 심해 죽거나 객사한 영까지 아귀라고 부른다고 합니다. 아귀는 절대로 포만감을 느낄 수 없으며 항상 고통과 절망에 빠져 있습니다. 이러한 령이 사람에게 빙의하면 그 사람은 아무리 먹어도 배가 고프고 포만감이 들지 않는다고 합니다.

　아귀는 사람의 모습과 비슷하지만, 뼈만 남은 앙상한 팔과 다리에 둥글고 볼록하게 튀어나온 배가 특징이라고 합니다. 아귀는 다양한 종류가 있으며 모두 음식을 먹지 못하는 것은 아니라고 합니다. 하지만 보통 아귀가 되면 항상 굶주림과 갈증에 괴로워하며 마음껏 음식을 먹을 수 없게 되고 아귀의 손에 잡히는 모든 음식은 불로 변해버린다고 합니다.

야광귀

한국 설화 ✤ 인간형 (1.3~1.4m)

　어린아이 모습의 괴물로, 작은 몸집에 얼굴이 비틀어져 있으며, 눈이 튀어나와 있는 모습으로 자주 묘사됩니다. 항상 색이 밝은 색동저고리를 입고 있으며 매년 섣달그믐밤에 하늘에서 내려오는데, 신발을 신지 않고 나타나 자신의 발에 맞는 신발을 찾아다닌다고 합니다. '신발 귀신'이라 불리기도 하며 야광귀가 신발을 가져가 버리면 신발 주인은 그 해에 병이 들거나 목숨을 잃게 된다고 합니다.

　그래서 야광귀를 막기 위해 아이들의 신발을 방 안에 숨겨 놓거나 문 앞에 촘촘한 체를 걸어 놓는데, 체 구멍 세는 것을 좋아하는 야광귀는 1부터 4까지만 셀 수 있어서 밤새도록 1부터 4까지만 반복하다 하늘로 날아가 버립니다. 또한, 밝은 것을 무서워해서 새벽 첫 닭이 울면 급히 사라진다고 합니다.

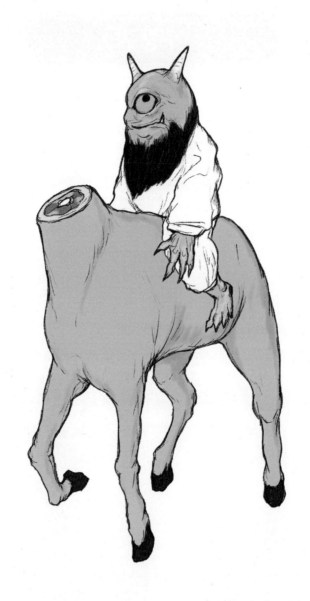

야교산

일본 민담 ✣ 요괴형 (1.5~1.8m)

사람과 비슷한 모습으로 목이 없는 말을 타고 돌아다니는 괴물입니다. 야교산은 눈이 하나밖에 없으며 온몸이 털로 덮여 있습니다. 항상 말을 타고 길을 배회하며 섣달그믐날 밤, 입춘 전날 밤, 야행 일에만 나타난다고 합니다.

야교산과 마주친 사람은 야교산에게 내던져지거나 말 다리에 걷어차여 목숨을 잃게 된다는 이야기가 있어 야교산이 나타나는 날 밤에는 모두 외출을 삼갔다고 합니다. 야교산이 나타나는 날을 피하지 못해 혹시라도 마주치게 되면 짚신을 머리 위에 올린 후 땅에 엎드리고 있어야 한다고 합니다. 또한, 야교산이 나타나는 날 밤에 집 안에서 반찬 이야기를 하면 야교산이 집 안으로 손을 넣고 반찬을 요구하기도 한다고 합니다.

야구자

중국 전설 ❖ 혼합형 (1.7~1.8m)

　사람의 몸에 짐승의 머리가 달린 괴물입니다. 머리는 개의 머리와 가장 비슷한 형상으로 올빼미와 같은 울음소리를 낸다고 합니다. 야구자는 사람의 골을 주로 먹고 시체가 매장된 지 얼마 안 된 무덤에 자주 나타난다고 하며, 특히 전쟁이 일어나는 지역에 많이 출몰해 시체들을 노린다고 합니다. 산 사람의 골을 먹는 것도 좋아하지만, 사냥 실력이 그렇게 뛰어나지 않아 시체들이 많이 있는 곳을 찾아다닌다고 합니다.

　청나라 초기에 '이화룡'이라는 자가 관군을 피하기 위해 주위에 널브러져 있던 시체 더미 속으로 숨어들었는데 관군이 지나가니 갑자기 시체들이 일어났다고 합니다. 시체들은 "야구자가 왔다, 큰일이다."라고 외치며 쓰러졌고, 이화룡이 도망가려 하니 사람의 몸에 짐승의 머리가 달린 괴물이 나타났다고 합니다. 괴물이 시체의 머리를 물고 골을 먹어대자 이화룡은 점점 더 시체 밑으로 숨었지만 괴물은 그의 머리까지 붙잡았고, 이에 이화룡은 옆에 있던 돌을 들어 야구자의 머리를 힘껏 내려쳤습니다. 돌을 맞은 야구자는 올빼미가 우는 듯한 비명을 지르며 달아났고, 그가 흘린 피 속에는 길고 날카로운 이빨이 남아 있었다고 합니다.

어둑시니

한국 민담 ❖ 귀신형 (1.7~2m)

　사람의 공포심과 어둠을 먹고 사는 괴물로, 어둑시니는 어둠 속에서 갑자기 나타나 사람을 놀래키지만, 크게 해를 끼치지는 않는다고 합니다. 사람이 어둑시니를 계속 바라보고 올려다보거나 무서워하면 몸집이 계속 불어나며 어둑시니의 몸에 사람이 깔릴 수도 있지만 목숨이 위험하지는 않다고 합니다. 몸이 커진 어둑시니는 관심을 주지 않거나 내려 보기만 해도 작아져 사라진다고 하며, 빛에도 힘을 사용할 수 없다고 합니다.

　어둑시니는 고려 시대 때 처음 나타났는데, 지금까지 어둑시니로 인해 누가 목숨을 잃은 적은 없으며 단순히 사람에게 장난을 치거나 놀래킬 뿐이라고 합니다. 한국의 괴물 '그슨대'와 비슷한 점이 많지만, 사람을 죽이지 않는다는 점에서 큰 차이를 보이는 괴물입니다.

언서

중국 민담 ❖ 동물형 (5~6m)

거대한 쥐 모습의 괴물로, 온몸에 털이 덮여 있으며 입 밖으로 튀어나온 4개의 이빨이 나 있습니다. 언서는 동굴의 깊은 곳이나 땅속에서만 생활하기 때문에 눈이 아주 작은 편입니다. 지역마다 개체의 크기 차이가 심하며 사람보다 작은 개체도 있고 코끼리보다 큰 개체도 있다고 합니다. 단단한 발톱으로 땅속을 파내면서 돌아다니는데, 거대한 나무의 뿌리도 한번에 파낼 정도의 강력한 힘이라고 합니다.

행동은 굉장히 느릿느릿하지만, 이곳저곳을 돌아다니며 자신의 앞을 가로막는 것들은 모두 부숴버린다고 합니다. 언서는 오래전 비가 굉장히 많이 오는 날에 강이 범람하면서 처음으로 모습을 드러냈으나 해가 뜨자마자 목숨을 잃었고 이후로 다시는 볼 수 없었다고 합니다.

영소

중국 신화 ✤ 혼합형 (2m)

　말의 몸에 새의 날개를 달고 있는 괴물로, 얼굴은 사람과 비슷한 형상을 띠고 있으며 몸에는 호랑이 무늬가 그려져 있다고 합니다. 커다란 날개는 바다를 감쌀 수 있을 정도라고 합니다. 영소는 중국 '괴강산'을 수호하며 온 세상을 돌아다니는데, 전 세계를 순식간에 오고 갈 수 있는 빠른 스피드를 가지고 있습니다. 괴강산에는 영소가 모아 놓은 황금과 옥 등 다양한 보물이 쌓여 있다고 합니다.

　영소는 사람들에게 수호신으로 불리며 인간들을 보호해주는 괴물입니다. 사람들을 잡아먹는 괴물들을 잡아 관리하고 신비한 동, 식물들을 직접 돌본다고 합니다. 그가 나타나면 주변에 환한 빛이 펼쳐진다고 합니다.

오니

일본 전설 ✦ 귀신형 (2~3m)

거대한 몸집에 우락부락한 모습을 한 괴물로, 호랑이 가죽이나 일본의 전통 복장인 '훈도시'를 입고 있으며 전신에 털이 나고 날카로운 손톱과 뿔이 난 머리를 가지고 있습니다. 오니의 종류는 굉장히 다양하고 각각 다른 특성을 가지고 있는데, 뿔이나 눈의 개수가 다르기도 하고 여러 가지 피부색을 띠고 있다고 합니다.

오니는 굉장히 호전적인 성격으로 항상 단단한 쇠몽둥이를 가지고 돌아다니며 사람들이 사는 마을을 덮치고 해를 가하는 경우가 많다고 합니다. 어린아이들을 납치해 가기도 하지만, 새벽에 첫 닭이 울면 바로 사라져 버린다고 합니다. 오니는 마을과 멀리 떨어진 숲속 동굴에서 주로 서식하며, 지옥에도 오니가 존재한다고 합니다. 한국의 도깨비와 비슷한 괴물로 많이 오해하는데, 성격과 생김새에서 많은 차이를 보여준다고 합니다.

오사키키쓰네

일본 민담 ✤ 동물형 (0.2~0.3m)

족제비 모습의 괴물로, 온몸은 털로 덮여 있으며 흰색 빛을 내는 쥐나 여우의 모습이 섞여 보이기도 합니다. 양 갈래로 갈라진 꼬리가 오사키키쓰네의 가장 큰 특징이라고 합니다.

오사키키쓰네는 무리 지어 다니는 것을 좋아하고 사람이나 집에 직접 빙의하여 활동한다고 합니다. 오사키키쓰네가 씐 사람은 무조건 광기가 생기게 된다고 합니다. 집에 씌면 그 집에 행운과 재물을 불러와 부자가 되는데, 그 집안의 사람이 원하는 물건을 무엇이든 가질 수 있게 된다고 합니다. 하지만 무리 지어 움직이는 오사키키쓰네의 습성 때문에 집에 점점 오사키키쓰네가 늘어나게 되면서 감당할 수 없어져 결국 망하게 된다고 합니다.

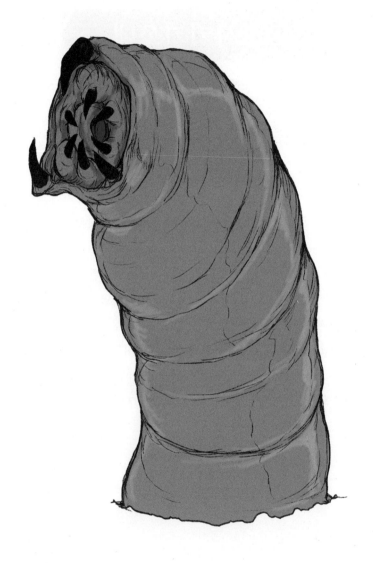

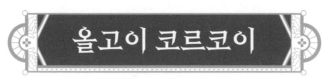

올고이 코르코이

몽골 민담 ✤ 요괴형 (0.6~14m)

커다랗고 뚱뚱한 지렁이 모습의 괴물입니다. '몽골리안 데스 웜'이라고도 불린다고 합니다. 개체마다 다양한 크기를 가지고 있으며 온몸이 선홍색 빛을 띠고 있습니다. 머리가 달려 있지 않으며 몸 한쪽에는 뾰족한 여러 개의 촉수가 달려 있습니다. 눈이 없어 앞을 보지는 못하지만, 촉각과 청력이 뛰어나 생활하는 데 아무런 불편함이 없다고 하며, 멀리 떨어져 있는 생물을 모두 감지해 낼 수 있을 정도라고 합니다.

올고이 코르코이는 사막에서만 서식하며 모래 속을 자유롭게 돌아다니는데, 사람이나 낙타가 나타나면 모래 위로 모습을 드러내고 순식간에 잡아먹고 사라진다고 합니다. 먹잇감과 조금 떨어진 곳에서 강력한 산성 독을 내뿜어 먹잇감을 녹여 버리기도 하며, 위험을 느끼면 전기를 방출해 상대를 감전되게 만든다고 합니다.

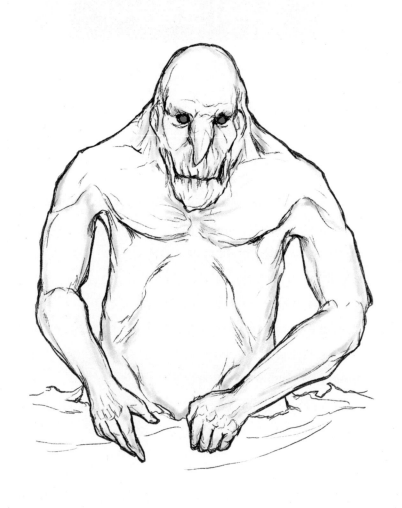

요하입수거인

한국 전설 ✤ 거인형 (30m)

    거대한 인간 모습의 괴물로, 오래전 한 어부가 바다를 표류하다가 목격했다고 합니다. 어부와 친구 두 명이 작은 배를 타고 고기를 잡으러 바다에 나갔는데, 엄청난 강풍이 불어왔고 배가 서쪽으로 계속 밀려가며 7일 동안 멈추지 않았다고 합니다. 그러다 한 곳에 배가 멈추길래 이들은 언덕에 배를 대고 잠을 청했습니다.

    얼마 후 거센 파도 소리에 잠이 깨서 주위를 둘러보니 바다 밖으로 상반신만 나와 있는 거인이 있었습니다. 거인이 배를 집어 들려고 하자 어부들은 도끼를 들고 거인의 팔을 찍어버렸습니다. 거인은 배를 버리고 산으로 가버렸고 세 어부는 빠르게 배를 타고 도망쳤습니다. 배에서 거인을 다시 돌아보니 그 모습이 마치 산맥과 같았으며 다행히 바람이 다시 잘 불어 원래 있던 곳으로 돌아올 수 있었다고 합니다. 하지만 어부들은 그곳이 어딘지 전혀 알 수 없었다고 합니다.

우미뇨보

일본 민담 ✤ 인간형 (1.5~1.7m)

온몸이 비늘로 덮인 인간 모습의 괴물로, 여성의 모습으로 나타나며 손에는 물갈퀴가 달려 있다고 합니다. 주로 바다에서 지내지만, 가끔 육지로도 올라오며 한번 올라오면 며칠씩 지내다가 돌아간다고 합니다. 우미뇨보는 사람의 말도 할 줄 알기 때문에 인간과 의사소통도 가능하다고 하며, 어떤 지역에서는 우미뇨보가 사람이 죽어서 변하게 된 존재라고 믿고 있다고 합니다.

어느 날 고기를 잡으러 바다에 갔던 남편들이 돌아오지 않자 걱정이 된 부인들이 직접 바닷가에 나가 보았습니다. 얼마 후 보자기를 든 우미뇨보가 나타났고, 보자기 안에는 죽은 남편들의 목이 들어 있었다고 합니다. 이를 보고 충격에 빠진 부인들은 바다에 몸을 던졌고 이때 목숨을 잃은 부인들이 우미뇨보로 변하게 되었다고 합니다.

우바가비

일본 민담 ✤ 인간형 (0.3m)

입에서 불이 나오는 노파의 얼굴을 한 화염 괴물입니다. 얼굴만 둥둥 떠다니며 얼굴 주변으로는 불길이 덮고 있어서 멀리서 보면 불덩어리가 떠다니는 듯한 모습이라고 합니다. 우바가비는 욕심 많은 노파가 죽어서 생겨난 존재인데, 한 노파는 신사의 등불 기름을 훔친 죄로 우바가비가 되었고, 또 다른 노파는 좋은 곳으로 아이를 보내주겠다며 가난한 부모를 속이고 아이들을 강에 빠트려 죽인 죄로 우바가비가 되었다고 합니다.

우바가비는 엄청난 속도로 사람들 사이를 날아다니는데, 우바가비에게 어깨를 내준 사람은 3년 안에 목숨을 잃게 된다고 합니다. 우바가비를 피하고 싶으면 '기름을 돌려줘'라고 외쳐야 한다고 합니다.

우사첩

중국 신화 ✤ 인간형 (2.1m)

　뱀을 다루는 인간 모습의 괴물로, 검은 피부색을 가지고 있으며 여성과 남성의 두 가지 모습으로 모두 나타난다고 하며, 가끔 짐승의 모습을 하고 있을 때도 있다고 합니다.

　우사첩은 신과 인간의 중간 존재이지만, 한때 신으로 숭배 받았으며 '현고국(玄股國)' 부근 태양이 떠오르는 곳에 살고 있는 부족입니다. '비의 신'으로 불리기도 하며 우사첩의 몸에 나 있는 많은 털들은 빗물을 상징하고 많은 생물을 번성하게 하는 힘이 있다고 합니다. 몸에는 항상 네 마리의 뱀이 달려 있으며 오른쪽 귀에는 푸른 뱀, 왼쪽 귀에는 붉은 뱀을 걸고 있다고 합니다. 나머지 두 마리의 뱀은 양 손에 달려 있으며 우사첩은 이 뱀들을 자유자재로 부린다고 합니다. 때때로 자라를 들고 있는 우사첩도 있다고 합니다.

우완

일본 괴담 ❖ 귀신형 (2~3m)

갑자기 나타나 사람을 깜짝 놀라게 하는 괴물입니다. '우왕'이라고도 불리며 사람의 형상을 하고 검은 이빨과 날카로운 세 개의 손가락을 가지고 있습니다. 우완은 항상 화가 난 표정을 짓고 있으며 사람을 위협하는 듯이 두 팔을 들고 있습니다. 오래되고 낡은 집을 찾아 들어가 그 집에 들어온 사람에게 '우완!', '우왕!' 이라고 소리를 질러 놀라게 만든다고 합니다.

일본의 중세 시대에는 귀족들이 치아를 검게 물들이는 풍습이 있었는데 우완이 붙어 있는 집은 몰락한 가문의 집이라는 이야기도 있습니다. 우완은 사람을 놀라게 하는 것 외에는 다른 해를 입히지는 않는다고 합니다. 우완이 소리를 질렀을 때 너무 놀라 목숨을 잃을 수도 있지만, 정신을 차리고 우완에게 똑같이 소리를 지르면 정상 상태로 돌아올 수 있다고 합니다.

유키온나

일본 설화 ❖ 인간형 (1.6~1.7m)

아름다운 인간 여성의 모습을 한 괴물로, '설녀(雪女)'라 불리기도 하며 굉장히 창백한 피부에 큰 키와 긴 머리를 가지고 있다고 합니다. 또, 몸이 굉장히 차가워 근처에 오기만 해도 찬 기운이 바로 느껴진다고 합니다.

유키온나는 추운 곳에서만 나타나며 눈보라에 갇힌 사람들을 얼려서 목숨을 잃게 하거나 직접 데려가기도 합니다. 돌풍을 일으켜 일부러 사람들이 길을 잃게 만들고 그 안에서 얼어 죽게 만들기도 합니다. 유키온나가 데려간 사람은 대부분 목숨을 잃지만, 그녀가 변덕을 부려 다시 돌아온 사람들도 있다고 합니다. 또한, 유키온나가 직접 집으로 찾아가 사람에게 해를 끼치기도 하며 자신이 한 일을 알리기 위해 자신만의 표식을 남겨놓는다고 합니다.

유키온나는 추운 곳에서만 살 수 있기 때문에 뜨거운 물을 담아놓은 탕 속으로 유인하여 퇴치할 수 있으며, 탕 속으로 들어간 유키온나는 녹아 없어진다고 합니다.

응룡

중국 신화 ❖ 신수형 (측정 불가)

　날개 달린 용의 모습을 한 괴물입니다. 응룡은 한 쌍의 날개를 가지고 있으며 발에는 세 개의 발가락이 달려 있고 꼬리는 아름다운 깃털로 장식되어 있습니다. 날개의 힘이 굉장히 강력해서 빠른 속력으로 날아다닐 수 있고 순식간에 천계로 날아올라갈 수 있다고 합니다.

　응룡은 용이 오백 년이나 천 년을 살면 날개를 얻어서 되는 존재로 모든 조류의 왕이자 깃털이 달린 동물들의 조상이라고 합니다. 중국의 남쪽 끝에 있는 '공구산(恭丘山)'에 서식하며 비바람을 부리는 능력을 가지고 있습니다. 응룡은 이 능력으로 인간세계에 가뭄이 들면 비를 내리게 해주고 홍수가 나면 비를 멈추게 해주었다고 합니다. 응룡은 원래 천계의 신이었는데 신과 인간의 전쟁에서 인간의 편을 들어 지상으로 쫓겨난 것이라고 합니다.

이누가미

일본 민담 ✣ 혼합형 (0.8~1m)

　개의 모습을 한 괴물로, 이누가미는 인간의 주술에 의해 고의로 생겨난 사악한 존재이며, 오로지 술자의 명령만을 따른다고 합니다. 오랫동안 굶주린 개를 이용해 이누가미를 만들어낼 수 있다고 합니다.

　이누가미는 일반 사람들의 눈에는 잘 보이지 않으며 원하는 대상을 홀려 괴롭힌다고 합니다. 술자가 목숨을 잃어도 이누가미는 사라지지 않고 술자가 생전에 내려놓은 명령을 계속 이행하며 영원히 존재하게 됩니다. 이누가미에게 홀리면 자손에게도 이어지는데, 대부분 어머니 쪽에서 전해진다고 합니다. 이누가미에게 홀린 인간은 이상한 혼잣말을 하며 기어 다닌다고 합니다. 한편 홀린 인간의 가족이 이누가미의 제사를 지내주면 그 집은 엄청난 부를 얻을 수 있다고 합니다.

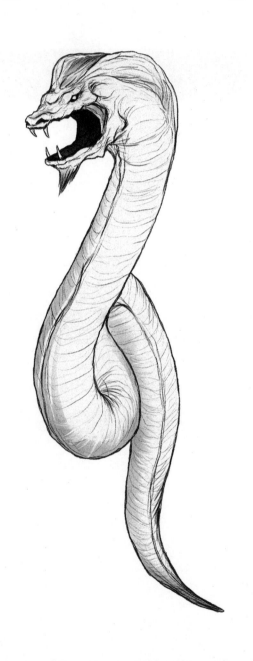

이무기

한국 전설 ❖ 야수형 (측정 불가)

거대한 뱀의 모습을 한 괴물로, 뱀이 수백 년 동안 수련하여 용이 되기 전 상태로 1,000년을 채우면 용이 되어 하늘로 승천한다고 합니다. 보통 뱀이 500년을 살면 이무기가 되고 이무기가 또 다시 500년을 살면 용이 된다고 합니다. 이무기는 여러 마리가 존재하며 각각 다른 신통력을 다루기도 하고 사람과 잘 지내는 이무기가 있는 반면에 사람을 싫어하는 이무기도 있습니다.

이무기는 물속에서 오랜 시간 수련을 한 후 세상에 나와 사람을 기다리는데, 처음 만난 사람이 이무기를 보고 "뱀이다!"라고 하면 다시 1,000년을 수련해야 하지만, "용이다!"라고 하면 용이 되어 하늘로 승천할 수 있다고 합니다.

오래전 한 아이를 업은 할머니가 지나가다 이무기를 보고 "저 뱀 좀 봐라." 했던 것을 아이가 "저 용 좀 봐라."라고 정정하여 이무기는 승천해 용이 되었고 용은 아이에게 보답하기 위해 그 일대를 비옥하게 만들고 연못까지 만들어 주었다는 이야기가 전해지고 있습니다.

이소나데

일본 전설 ✣ 어류형 (8~12m)

　상어의 모습을 한 괴물로, 꼬리에는 날카로운 바늘이 무수히 박혀 있으며 바다에서 서식한다고 합니다. 이소나데는 바람이 굉장히 강한 날에 나타나 지나가는 배를 습격하며 사람들은 이소나데가 다가오는 것을 미리 알아차릴 수 없다고 합니다. 물결을 타고 자연스럽게 나타나 피할 시간을 주지 않는다고 합니다.

　이소나데가 나타나면 주변 바다색이 변하고 바람소리가 들리는데 이를 알아차렸을 때는 이미 늦은 것이라고 합니다. 이소나데의 꼬리가 바다 밑에서 빠르게 올라오며 바람을 일으키는 것으로 순식간에 꼬리 바늘에 낚이게 됩니다. 그리고 낚은 사람을 바로 바닷속으로 끌고 들어가 잡아먹는다고 합니다. 예전에는 바다에서 이유 없이 죽은 사람이 나오면 이소나데에게 당한 것이라고 생각했다고 합니다.

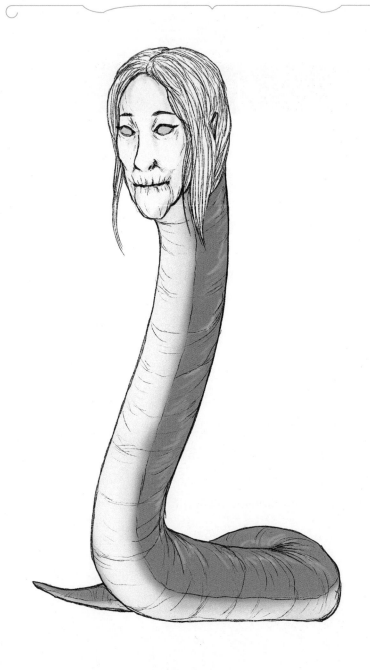

이소온나

일본 민담 ❖ 혼합형 (1.5~1.7m)

　인간 여성의 모습을 하고 긴 머리카락을 늘어트리고 다니는 괴물입니다. 이소온나의 하반신은 사람 또는 뱀의 모습처럼 보인다고 합니다. 머리카락은 땅에 닿을 정도로 길고 온몸이 항상 물에 젖어 있다고 합니다. 바다에서 주로 나타나며 사람을 만나면 머리카락으로 온몸을 감싼 후 피를 빨아 먹어 죽인다고 합니다.

　이소온나는 다양한 지역에서 나타나며 각각 다른 특성을 가지고 있습니다. 기묘한 목소리를 내며 사람을 유혹해 피를 빨아 먹거나, 배 안으로 숨어 들어가 사람을 습격하기도 하고 물 위를 걸어 다니기도 한다고 합니다. 이 때문에 바다 근처 마을에서는 해안가에서 미인을 만나면 절대 다가가서도 안 되고 말을 걸어서도 안 된다고 합니다.

인더스 웜

인도 전설 ❖ 요괴형 (3~3.5m)

지렁이 모습을 한 괴물로, 기다란 몸통은 어린 남자아이가 양팔로 다 감싸지 못할 정도로 두꺼우며 몸통의 위쪽에는 두 개의 커다란 이빨이 달려 있다고 합니다. 이 이빨은 짐승의 뼈나 돌을 씹어 먹을 수 있을 정도로 단단하며 이빨을 통해 길을 뚫고 앞으로 나아간다고 합니다.

인더스 웜은 인더스 강의 가장 밑바닥에서 서식하며 가끔 먹이를 잡아먹기 위해 수면 위로 올라온다고 합니다. 소나 낙타를 주로 잡아먹으며 먹잇감을 잡은 후에는 바로 강 속으로 들어가 도망가지 못하게 한 후 게걸스럽게 먹는다고 합니다.

인더스 웜의 몸에서는 기름이 생성되는데, 석유 성분과 비슷하여 소중한 자원으로 쓰일 수 있다고 합니다. 이 기름을 얻기 위해서는 인더스 웜을 죽여 갈고리에 30일 정도 매달아 놓아야 하는데 1마리당 3L의 기름을 얻을 수 있다고 합니다. 인더스 웜에서 나온 기름은 불이 쉽게 붙고 잘 꺼지지 않아서 엄청난 양의 진흙으로 덮어야 겨우 꺼트릴 수 있다고 합니다.

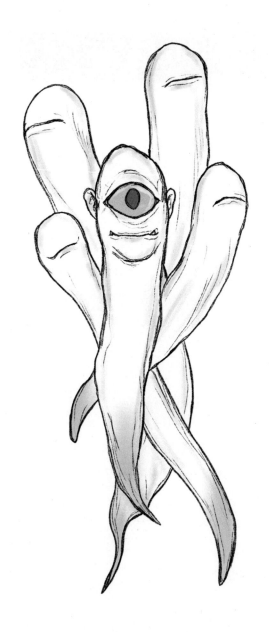

일목오선생

중국 전설 ✤ 귀신형 (1.6~1.7m)

기이한 모습의 괴물로, 다섯 마리가 항상 함께 돌아다니며 그중 우두머리에게만 눈이 하나 달려 있어 일목오선생이라고 불린다고 합니다. 이들은 단독 행동을 절대 할 수 없다고 합니다.

일목오선생은 여러 곳을 돌아다니며 전염병을 퍼트리는데, 그저 자신들의 마음대로 아무 마을을 고른 후 병을 퍼트린다고 합니다. 사람들이 자고 있는 동안 집에 들어가 사람의 냄새를 맡으며 병을 퍼트리는데, 몇 마리가 냄새를 맡는지에 따라 병의 정도가 달라지며 다섯 마리가 모두 냄새를 맡으면 목숨을 잃게 된다고 합니다. 이는 일목오선생이 코로 사람의 정기를 빨아들이는 것이라고 합니다. 굉장히 착한 사람은 일목오선생을 피할 수 있는데, 어떠한 기준인지는 알려지지 않았다고 합니다.

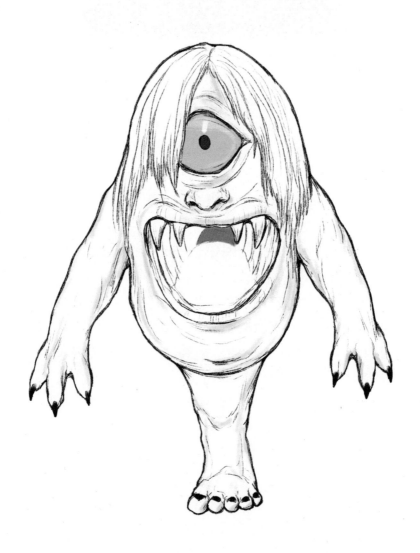

잇폰다타라

일본 민담 ❖ 요괴형 (2~2.5m)

사람의 모습과 비슷하지만, 다리가 한 개만 달린 괴물입니다. 사람보다는 거대한 몸집을 가지고 있으며 눈 내린 다음 날 아침에 나타나 자신의 존재를 알리기 위해 눈 위에 발자국을 찍어 놓거나 지나가는 사람을 습격한다고 합니다. 산속에서만 모습을 드러내고 한 발로 이리저리 뛰어다닙니다.

잇폰다타라는 다양한 지역에서 출몰하는데, 지역마다 외모와 성격이 조금씩 다르다고 합니다. 상반신은 사람과 완전히 똑같이 생긴 잇폰다타라도 있으며 커다란 눈이 한 개만 달려 있거나 사람을 해치지 않는 잇폰다타라도 있다고 합니다. 산속에서 사냥꾼에게 죽은 멧돼지의 영혼이 잇폰다타라가 되어 억울함을 풀기 위해 사람들을 괴롭힌다는 이야기도 전해지고 있습니다.

인면수

중국, 일본 전설 ✤ 식물형 (10m)

인간의 얼굴이 꽃으로 피어있는 나무 괴물입니다. 사람들이 사는 마을에서 멀리 떨어진 계곡에서 자라나며, 인간 얼굴 형상의 꽃은 말을 하지 않고 기분 나쁜 기운을 풍기며 항상 웃고 있다고 합니다. 꽃들이 웃으면 나뭇가지가 흔들리고 너무 많이 웃으면 꽃이나 열매가 떨어진다고 합니다.

인면수가 어떻게 번식을 하는지는 알려지지 않았지만, 전 세계에서 인면수와 비슷한 나무가 발견되었고 중국의 인면수와 같은 것인지는 알수·없다고 합니다.

일본의 인면수도 깊은 계곡에서 자라난다는 것과 꽃이 항상 웃고 있다는 비슷한 특징을 가지고 있습니다. 하지만 일본에서는 인면수에 사람들의 영혼이 들어있다고 믿으며 인면수에 상처를 입히면 나무에서 피가 흐른다는 이야기가 전해지고 있습니다.

인면조

동아시아 신화 ❖ 혼합형 (0.7~1m)

　새의 모습을 한 괴물입니다. 인면조는 새의 몸에 인간의 얼굴과 팔을 가지고 있거나 상반신 전체가 사람의 모습을 하고 있기도 합니다. 인면조는 전 세계적으로 존재하며 시대와 나라별로 생김새와 성격 등이 굉장히 다른 차이점을 보인다고 합니다. 사람들의 액운을 막아주는 신성한 존재로 여겨지는가 하면, 사람을 잡아먹고 마을에 해를 끼치는 불길한 존재로 여겨지기도 합니다. 인면조가 나타나는 것만으로도 세상에 자연재해가 생기고 전쟁이 일어나기도 했다고 합니다.

　울음소리도 제각각이라 곱고 아름다운 소리를 내며 사람들에게 축복을 내려주기도 하지만, 인면조의 울음소리를 듣자마자 피해가 생기고 사람과 가축들이 목숨을 잃는 경우도 있다고 합니다.

자브락

인도 전설 ✤ 동물형 (1~1.5m)

　도마뱀 모습을 한 괴물입니다. 노란 빛과 붉은 빛이 섞인 피부색을 가지고 있으며 눈에서는 빛이 난다고 합니다. 갈고리 같은 네 개의 발로 기어 다니며 등에는 낙타와 비슷한 커다란 혹이 있고 그 위로는 작은 뿔들이 나 있습니다. 자브락은 엄청난 속도로 움직이며 한 번 점프하면 1,300~2,200m까지 뛰어오를 수 있다고 합니다. 자신의 몸보다 훨씬 큰 동물들을 한 입에 잡아먹으며 그중 인간을 먹는 것을 가장 좋아한다고 합니다.

　자브락은 자신의 배설물을 무기로 사용하는데 배설물을 먹잇감에게 던져서 사냥을 한다고 합니다. 자브락의 살, 피, 침, 배설물은 모두 치명적인 독을 가지고 있어서 닿기만 해도 생물들은 모두 즉사한다고 합니다. 자브락을 만났을 때 피할 수 있는 유일한 방법은 자브락이 점프해도 올라갈 수 없을 정도의 큰 나무 위로 재빠르게 올라가야 한다는 것입니다.

장산범

한국 괴담 ✧ 야수형 (3~5m)

범의 모습을 한 괴물로, 한국 부산에 있는 장산에서 나타난다고 하여 장산범이라는 이름이 붙게 되었다고 합니다. 사람의 얼굴이 일그러진 듯한 얼굴에 눈은 항상 빛나고 있으며 진홍색 피부 위에는 길고 하얀 털들이 덮여 있습니다. 장산범의 털은 여성의 머릿결처럼 곱고 아름다워서 사람들의 경계심을 낮춘다고 합니다.

하늘이 흐린 조용한 밤이나 비가 오는 날에 나타나는 것을 좋아하는데 장산범이 나타나면 주변의 동물들이 심하게 운다고 합니다. 장산범은 쇠를 긁는 소리를 내거나 자연에서 나는 다양한 소리와 동물들의 소리를 그대로 따라할 수 있으며 사람의 말소리와 목소리까지 똑같이 따라 할 수 있습니다. 사람의 말을 흉내내 이 목소리를 듣고 따라온 사람을 위협하고 잡아먹는다고 합니다. 자동차가 달리는 속도와 비슷한 속도를 내며 성격이 흉포하고 집요해서 한번 노린 사람은 절대로 놓치지 않는다고 합니다. 한편 장산범은 붉은색과 시끄러운 소리와 머리카락 타는 냄새를 굉장히 싫어한다고 합니다.

장자마리

한국 설화 ✦ 요괴형 (1.5~2m)

    장자마리는 도깨비의 한 종류로 청회색의 옷을 입고 다니며 장난치는 것을 좋아하는 익살스러운 괴물이라고 합니다. 머리에는 뾰족한 모자를 쓰고 있으며 온몸에 해초와 곡식을 두르고 있어 지상과 바다를 오갈 수 있는 존재로 여겨집니다. 장자마리는 대부분 뚱뚱한 모습으로 나타나는데 이 모습 때문에 다산과 풍요를 상징한다고 합니다.

    사람에게 피해를 주지 않고 오히려 사람들에게 해로운 액운을 막아준다고 합니다. 현재 장자마리는 강릉의 전통 가면극에서 볼 수 있으며 극이 시작할 때 나타나 사람들의 이목을 집중시키는 역할을 한다고 합니다. 이때 장자마리가 하는 행동이 풍요를 기원하고 액을 막아주는 행동이라고 합니다.

장화훤요

한국 설화 ✤ 식물형 (15m)

거대한 나무 괴물입니다. 장화훤요는 하늘을 찌를 듯이 높고 크며, 몸에는 여러 짐승과 귀신들이 섞여 있습니다. 흐린 날이면 휘파람 소리를 내며 노래를 부르고 밤이 되면 빛을 내며 말을 한다고 합니다. 누군가 장화훤요를 베어 없애버리려고 하면 그 사람은 정신을 놓게 되며, 동쪽으로 뻗은 복숭아 나뭇가지로 칼을 만들어 목을 베는 흉내를 내야 다시 제정신으로 돌아올 수 있다고 합니다.

오래전 한 남성이 머물던 별장의 길 옆에 고목나무가 있었는데 그 크기가 하늘을 찌를 정도였다고 합니다. 날이 흐리면 나무에서는 휘파람 소리가 나고 밤이 되면 불이 켜지고 떠드는 소리가 났습니다. 마을의 어떤 소년이 용기를 내어 나무를 베다가 귀신이 붙어 정신을 놓아버렸고, 이에 남성이 소년을 잡아다 꾸짖었습니다. 그리고 동쪽으로 뻗은 복숭아 나뭇가지를 잘라 칼을 만들어 목을 베는 시늉을 하니 소년은 그대로 엎드려 3일 동안 잠들었다가 깨어나 정상으로 돌아왔다고 합니다.

저팔계

중국 신화 ❖ 혼합형 (1.7~2m)

사람의 몸에 돼지 얼굴을 가지고 있는 괴물입니다. '저오능(豬悟能)', '저강렵(豬剛鬣)'이라 불리기도 하는 '삼장법사'의 두 번째 제자로 알려져 있습니다. 저팔계는 원래 천계의 수군대장인 '천봉원수'였지만, 여색에 빠져 옥황상제의 노여움을 사고 지상으로 떨어졌습니다. 이때 암퇘지의 몸으로 잘못 들어가 돼지로 태어나게 됐다고 합니다.

태어나자마자 어미와 형제들을 죽이고 괴물이 되어 사람들을 잡아먹고 살다가 삼장법사를 만나 그의 제자가 되어 길을 떠나게 되었습니다. 저팔계는 단순하고 여자를 굉장히 밝히며 게으른 성격이라고 합니다. 식욕도 굉장히 강해 이 때문에 위험한 상황에 놓인 적이 많다고 합니다. 하지만 일행들과 함께 삼장법사를 잘 호위하며 서천에 도착한 저팔계는 '정단사자(淨檀使者)'라 불리게 되었습니다.

정여우후

한국 전설 ✦ 동물형 (2m)

우물 형상의 괴물입니다. 정여우후의 모습은 보통 우물과 비슷하고 그 자리에서 움직이지 않으며, 우물 속에서 소의 울음소리가 난다고 합니다. 우물 속에서 계속 소리가 나니 사람들이 메워 버리려고 하면 며칠 동안 소 울음소리가 끊이지 않는다고 합니다. 그래도 우물을 완전히 메워 버리면 연기처럼 사라질 때도 있다고 합니다. 우물 속에 검은 소의 모습을 한 괴물이 들어있다는 이야기도 전해지고 있습니다.

예전에 정여우후가 있던 곳은 사람들이 귀신을 숭배하는 곳이었는데 이곳의 관아에 입주하는 자가 계속 죽어나갔다고 합니다. 그래도 사람들은 귀신에게 복을 빌며 살고 있었으나 '안공'이라는 자가 이곳의 군수가 되어 관아가 있는 곳의 숲을 다 태워버리고 오래된 우물을 메워 버렸다고 합니다. 이후 소 울음소리가 사흘 동안 울려 퍼지다가 다음 날부터 기이한 현상이 모두 사라졌다고 합니다.

제강

중국 신화 ❖ 요괴형 (0.8~1m)

   얼굴 없는 새의 모습을 한 괴물로, 동그란 하나의 몸통에 네 개의 날개와 여섯 개의 다리를 가지고 있으며, 눈, 코, 입 등은 달려 있지 않다고 합니다. 하지만 눈과 귀가 없어도 사람들보다 뛰어난 시각과 청각을 가지고 있다고 합니다.

   불그스름한 피부와 생김새 때문에 혼돈 그 자체로 여겨지거나 혼돈의 신이라 불리기도 하며, 황제의 분신이라는 이야기도 전해지고 있습니다. 얼굴이 없기 때문에 표정이 보이지 않아 더 혼란스러운 분위기를 풍겼다고 합니다. 제강은 평소에 조용히 있는 경우가 많지만, 노래하고 춤추는 것을 굉장히 좋아한다고 합니다.

조로구모

일본 전설 ❖ 혼합형 (1.5~1.6m)

거미 모습의 괴물입니다. 조로구모는 400년 넘게 산 거미로 아름다운 여성으로 변신해 마음에 드는 남성을 유혹한다고 합니다. 불을 뿜는 자신의 새끼들을 조종하여 사람들을 위협하기도 합니다.

옛날에 한 나무꾼이 나무를 베다가 도끼를 폭포에 빠트려 되찾기 위해 폭포로 들어갔는데 갑자기 아름다운 여성이 나타나 도끼를 돌려주며 이곳에서 본 것을 아무에게도 말하지 말라고 하였습니다. 나무꾼은 한동안 아무 말도 하지 않고 잘 지냈지만, 어느날 마음이 너무 답답하여 친구들에게 술을 마시며 털어놓았고 후련한 마음에 잠이 들었습니다. 그러나 나무꾼은 그 후로 다시는 눈을 뜰 수 없었는데, 거미줄에 묶인 그가 폭포에서 시체로 떠 있었다는 이야기가 전해지고 있습니다.

주건

중국 신화 ❖ 혼합형 (1.4~1.6m)

　표범의 몸에 사람과 비슷한 얼굴을 가진 괴물입니다. 주건의 울음소리는 주변이 다 울릴 정도로 굉장히 크며 얼굴에는 소의 귀와 하나의 눈이 달려 있고 몸에는 기다란 꼬리가 달려 있습니다. 평소에는 기다란 꼬리를 몸에 말고 쉬다가 걸을 때나 달릴 때는 꼬리를 입에 물고 다닌다고 합니다.

　여러 가지 뛰어난 능력을 가지고 있는 주건은 그중 활쏘기에 가장 뛰어난 재능을 가지고 있으며, 주건이 쏜 활은 위력이 엄청나고 빗나가지도 않는다고 합니다. 활을 맞은 이는 대부분 목숨을 잃게 되지만, 겨우 살아나더라도 혼자서는 움직일 수 없는 불구나 식물인간이 된다고 합니다.

주못코

일본 민담 ✤ 식물형 (3~5m)

　평범한 나무 모습의 괴물입니다. 주못코는 오래전 전쟁터에서 자라난 나무로 사람들의 피가 땅에 스며들어 태어난 나무 괴물이라고 하며, 전쟁터뿐만 아니라 엄청난 양의 사람 피가 흘러 들어간 곳이면 어디서든 자라날 수 있다고 합니다. 주못코는 항상 피에 굶주려 있어서 사람이 주못코 앞으로 지나가면 가지를 뻗어 붙잡은 후 사람이 죽을 때까지 피를 빨아 먹는다고 합니다.

　주못코는 겉으로 보기에 일반 나무와 다른 점이 없어서 사람들이 알아보거나 피할 수 없다고 합니다. 하지만 피를 양분으로 삼아 자라났기 때문에 한겨울에도 잎이 지지 않고 사계절 내내 푸르고 아름다운 모습을 유지하고 있으므로 계절이 변할 때는 구분할 수 있다고 합니다.

주별어

중국 신화 ❖ 어류형 (0.3~0.5m)

파충류 모습의 물고기 괴물로, 사람의 폐와 비슷해 보이는 몸통에 여섯 개의 다리가 달려 있으며 얼굴에는 네 개의 눈과 두 가닥의 수염이 달려 있습니다. 등 쪽에는 껍질로 보이는 비늘이 덮여 있는데, 일반 물고기의 비늘과 달리 뻣뻣하거나 거친 느낌이 하나도 없고 오히려 부드러운 촉감이 느껴진다고 합니다.

주별어는 강이나 호수에서 서식하며 항상 아름다운 푸른 빛의 진주를 뱉어낸다고 합니다. 사람이 주별어를 직접 섭취해도 아무런 해가 없으며 육질은 굉장히 부드럽고 새콤달콤한 맛이 난다고 합니다. 또한, 주별어를 먹은 사람은 전염병을 피해 건강하게 살아갈 수 있다는 이야기도 있습니다.

주작

한, 중, 일 전설 ✦ 신수형 (1.8~2m)

붉은 새 모습의 괴물입니다. '주조(朱鳥)', '주오(朱烏)', '적오(赤烏)'라 불리기도 하며 동서남북의 네 방위 중에서 남쪽을 지키는 수호신으로 여름을 상징합니다. 주작은 닭과 가장 비슷한 모습으로 뱀, 사슴, 용, 거북 등의 일부와 공작의 꼬리가 합쳐진 모습이라고 합니다.

항상 우아하고 강한 모습으로 사람들에게 해를 끼치는 악귀와 액운을 물리쳐주고 불(火)과 길조(吉兆), 불사(不死)를 상징합니다. 주작은 양기를 가져다주기도 하며 주작의 붉은 털이 힘차고 활기찬 기운을 불어넣어 준다고 합니다. 중국에서 가장 이롭고 상서로운 새로 알려진 '봉황'이 주작과 같은 존재라는 이야기도 있지만, 봉황이 주작에서 유래된 것이라고 합니다.

중명의 새

중국 신화 ✦ 조류형 (1.5~2m)

닭의 모습을 한 괴물입니다. '쌍정'이라는 별명을 가지고 있으며 눈 안에는 두 개의 눈동자가 있다고 합니다. 닭과 비슷한 모습이지만 하늘을 날아다닐 수 있으며 울음소리는 봉황의 울음소리와 비슷하다고 합니다. 중명의 새는 중국 고대 왕 '제요'의 재위 70주년을 기념하여 왕에게 바쳐진 신비한 괴물로, 호랑이나 늑대와 같은 맹수뿐만 아니라 자연재해 등의 사악한 것은 모두 막아주는 능력을 가지고 있습니다. 중명의 새는 동상으로 만들어 놓아도 여러 괴물들을 퇴치할 수 있었다고 합니다.

하지만 성격이 변덕스러워서 1년에 몇 번 나타날까 말까 하며 몇 년 동안 나타나지 않은 적도 있다고 합니다. 그래도 사람들은 항상 이 새를 기다리며 자신의 집 근처에 둥지를 짓길 바라면서 깨끗한 환경을 유지했다고 합니다.

중서함미

한국 설화 ✤ 동물형 (0.3~0.4m)

　여러 마리의 쥐 괴물로, 작은 쥐들이 모여 사는 모습을 하나의 거대한 존재로 보는 것이라고 합니다. 중서함미는 굉장히 영리하고 사람의 말을 할 줄 알며 보통은 숲속이나 지하에서 자신들만의 사회를 이루고 지낸다고 합니다. 중서함미는 서로의 꼬리를 물고 연결하여 지내기 때문에 무리에서 벗어날 수 없으며 엉켜서 목숨을 잃기도 합니다.

　오래전 수만 마리의 쥐 떼가 고립되어 있는 마을을 습격한 적이 있는데, 강을 건너며 죽은 동료들의 사체를 다리 삼아 강을 건너 마을을 공격했다고 합니다. 사람을 공격하고 건물들을 무너뜨리거나 곡식을 탈취하고 많은 사람이 목숨을 잃은 적이 있었는데 이를 중서함미와 관련된 이야기로 보고 있다고 합니다.

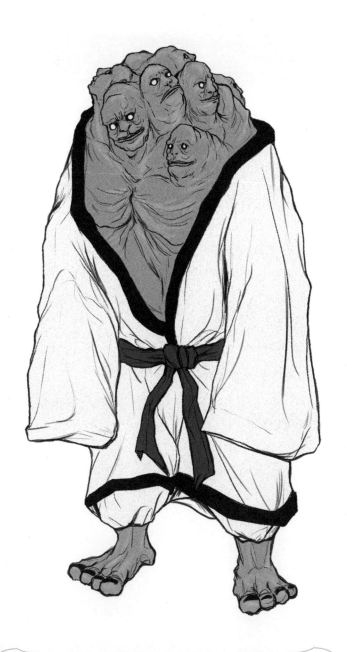

지하국대적

한국 설화 ❖ 요괴형 (3m)

하나의 몸에 머리가 아홉 달린 괴물입니다. 지하세계에 사는 지하국대적은 강력한 신통력과 높은 지능을 가지고 있다고 하며, 웬만한 공격에는 끄떡도 하지 않으며 엄청난 재생능력을 지니고 있어서 머리를 잘라도 다시 재생된다고 합니다.

지하국대적은 인간 세상에 종종 올라와서 세상을 어지럽히고 보물들을 탈취하거나 여자들을 납치해갔습니다. 어느 날은 왕의 세 딸들을 납치해 갔는데 이를 들은 한 무인이 지하국대적을 퇴치하고 왕의 세 딸들을 구해왔다고 합니다. 공주들의 나라로 돌아가던 중에 부하들이 배신하여 위기를 겪지만, 산신령의 도움을 받아 무사히 도착하게 되었고 무인은 막내 공주와 결혼하여 부귀영화를 누리며 살았다고 합니다.

진묘수

중국 신화 ✤ 신수형 (0.4~0.6m)

　멧돼지의 모습을 한 괴물입니다. 중국 후한 시기부터 나타난 진묘수는 오래된 역사만큼 다양한 특징을 가지고 있습니다. 나타난 시기에 따라 다른 특성을 보이고 있지만, 대체로 사자, 용, 멧돼지의 몸에 날개가 달려 있으며 호랑이와 비슷한 얼굴에 뿔이 나 있는 머리를 가지고 있다고 합니다. 사람의 얼굴에 여러 개의 뿔이 달린 진묘수도 존재하며 꼬리 끝이 갈라진 진묘수는 암컷을 의미한다고 합니다.

　진묘수는 무덤을 지키는 신성한 존재로 죽은 자의 영혼을 도와 하늘로 잘 올라갈 수 있게 해주거나 악령이나 도굴꾼의 침입을 막기 위해 신상으로 만들어 무덤 속에 놓았다고 합니다. 진묘수는 당시 고구려와 백제에도 영향을 미쳐 백제 '무령왕릉'에서도 진묘수가 발견되었다고 합니다.

창귀

한국 전설 ❖ 귀신형 (1.5~1.7m)

호랑이에게 물려 죽은 사람이 변한 괴물로, 창귀가 되면 호랑이의 노예가 되어 영원히 호랑이의 시중을 들어야 한다고 합니다. 다른 사람이 호랑이에게 잡아먹히게 만들어야 자신이 벗어날 수 있기 때문에 항상 자신을 대신할 사람을 찾아다니며 생전의 가족들이나 친구들까지 불러낸다고 합니다.

창귀는 항상 슬픈 울음소리를 내고 다니는데 이 소리로 모든 사람들에게 슬픔을 전파합니다. 갑자기 누군가 슬피 울고 있으면 창귀가 빙의해 있는 것이라고 합니다. 창귀가 붙어있는 호랑이는 쉽게 사냥할 수 없지만, 창귀가 좋아하는 매화 열매, 소라, 골뱅이로 유인해 떨어트려놓으면 호랑이를 잡을 수 있다고 합니다.

예전에는 호랑이가 사람을 잡아먹으면 신체의 일부를 항상 남겨놓았는데 유족들은 창귀를 피하기 위해 남은 신체를 불태워 돌무덤을 만들고 죽은 자와의 인연을 끊어내려고 했습니다. 돌무덤 위에는 시루를 엎어 놓고 가운데 구멍에 꼬챙이나 칼을 꽂아서 '호식총'이라는 무덤을 만들었다고 합니다.

창남

태국 전설 ✤ 동물형 (0.2~0.3m)

아주 작은 코끼리의 모습을 한 괴물로, 물코끼리라고 불리기도 하며 기다란 코와 얼굴 밖으로 튀어나온 엄니를 가지고 있습니다. 주로 샘이나 호수 근처에서 서식한다고 합니다. 창남은 사람의 손바닥보다 작은 몸집이지만, 굉장히 위험한 능력을 가지고 있다고 합니다.

누군가 창남을 직접 보거나 창남의 그림자를 보기만 해도 그 자리에서 목숨을 잃는다고 합니다. 또한 호수에 비친 그림자를 창남이 엄니로 찌르거나 발로 밟아 버리면 그림자의 주인은 즉사하게 됩니다. 창남을 보면 즉사하기 때문에 아직까지 창남을 목격했다는 사람은 없으며, 어떻게 창남의 존재가 알려지게 됐는지도 알 수 없다고 합니다.

청룡

한, 중, 일 전설 ✣ 신수형 (측정 불가)

    푸른 용의 모습을 한 괴물로, '창룡(蒼龍)'이라 불리기도 하며 동서남북의 네 방위 중에서 동쪽을 지키는 수호신입니다. 청룡은 말과 비슷한 머리에 뿔이 나 있고, 온몸은 푸른색의 비늘이 덮고 있으며 눈에서는 광채가 난다고 합니다.

    물을 상징하며 비와 구름 등의 자연을 다스릴 줄 알고 다양한 동물들로 변신할 수 있는 능력을 가지고 있습니다. 봄에 나타나 하늘로 오르고 가을에는 늪에 숨어 사는 생물로 자유롭게 변신할 수 있는데, 청룡의 각 부분이 여러 가지 동물들로 이루어져 있기 때문이라고 합니다. 옛 기록에 따르면 낙타의 머리, 사슴의 뿔, 토끼의 눈, 소의 귀, 뱀의 목, 조개의 배, 잉어의 비늘, 호랑이의 발, 매의 발톱을 모두 지니고 있는 존재를 용이라고 하여 변신술을 사용할 수 있는 것이라고 합니다.

카미키리

일본 민담 ✤ 요괴형 (1~1.5m)

사람의 머리카락을 몰래 잘라 버리는 괴물로 '카미키리', '구로카미키리(黑髮切り)'로 불리기도 합니다. 카미키리는 집게손을 가지고 있으며 사람의 머리카락을 자르는 것 이외에 다른 해는 가하지 않는다고 합니다. 사람의 머리카락을 자르고 굉장히 기뻐한다고 합니다.

카미키리는 에도시대 때 많이 출몰했으며 소리 소문 없이 나타나 사람의 머리카락을 잘라버리고 이상함을 느껴 뒤를 돌아보면 이미 사라진 후라고 합니다. 사람들이 밤중에 길을 걷다 머리카락이 묶인 채 잘리는 현상을 겪었다고 합니다. 또한, 인간이 짐승이나 유령과 결혼했을 때 나타난다는 이야기도 있습니다.

무로마치시대 때는 이를 여우의 소행이거나 도사가 여우를 시켜 머리카락을 자르게 하는 것이라고 생각했다고 합니다. 그리고 당시 수행승들이 카미키리를 막기 위한 부적을 팔고 다녀 그들의 자작극이었다는 이야기도 전해지고 있습니다.

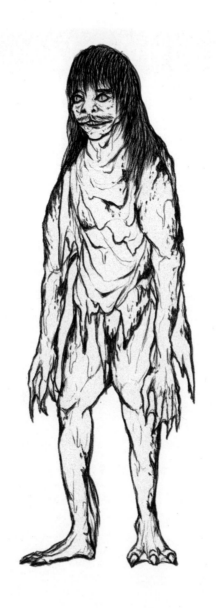

카이진

일본 민담 ✦ 인간형 (1.5~1.7m)

　바다에 사는 인간 형상의 괴물입니다. 머리카락과 수염이 나 있고 두 발로 걸어 다니며, 온몸에 비늘이 덮여 있습니다. 손과 발에는 물갈퀴가 달려 있어 물속에서 생활하기 편리한 구조를 가지고 있습니다.

　카이진은 대부분의 시간을 바다에서만 보내며 지상에서는 긴 시간을 보낼 수 없다고 합니다. 최대 3일 이상 지상에 머무를 수 없다고 합니다. 지상에서는 사람을 공격하거나 해를 입히지 않으며 사람이 먹는 음식도 먹지 않는다고 합니다. 지상에 나와 있는 카이진은 바다표범 같은 바다 짐승일 수도 있다는 이야기가 전해지고 있습니다. 또한, 카이진은 배 부분의 피부가 많이 늘어져 있어 일본 전통 의상인 '하카마(袴)'를 연상시킨다고 합니다.

칼로푸스

인도 전설 ✤ 조류형 (1~1.2m)

노루와 사슴을 섞어 놓은 형상의 괴물입니다. 아시아 전역에서 나타나며 특히 '유프라테스 강'의 물을 마시는 것을 좋아해 그 주변에서 많이 볼 수 있다고 합니다. '아름다운 발'이라는 별명을 가지고 있으며 굉장히 빠른 속도로 달리기 때문에 멀리서 보면 땅 위를 슬라이딩하며 가는 것처럼 보인다고 합니다.

칼로푸스는 머리에 달린 뿔로 사람들을 공격하거나 주변을 파괴하고 다닙니다. 이 뿔은 철로 만든 방패를 뚫을 만큼 단단하고 두껍다고 합니다. 가끔 칼로푸스의 뿔이 나무에 얽혀 움직이지 못할 때가 있는데, 사람들은 이때를 노려 칼로푸스를 빠르게 공격해야 한다고 합니다.

쿠비카지리

일본 민담 ❖ 귀신형 (1.5~1.6m)

인간 여성의 모습을 한 괴물입니다. 쿠비카지리는 목이 사라진 상태로 목숨을 잃고 매장된 사람의 원한에서 태어난다고 합니다. 매일 밤마다 무덤가에 나타나 모든 무덤을 파낸 후 온전한 모습의 시체를 찾아 꺼내 들고 목을 뜯어 먹습니다. 하지만 아직까지 쿠비카지리가 살아 있는 사람에게 해를 입히거나 공격한 적은 없다고 합니다.

또 다른 쿠비카지리는 굶어 죽은 노인이 변해 생겨난 존재라는 이야기도 전해지는데, 노인이 죽기 전에 노인에게 음식을 주지 않았던 사람이 죽을 때까지 기다렸다가 무덤을 찾아가서 파낸 후 시체의 목을 갉아 먹는다고 합니다.

타카뉴도

일본 전설 ❖ 인간형 (1.7~3m)

　사람의 형상을 한 거대한 괴물입니다. 일본 전역에서 나타나는데, 지나가는 사람 앞에 갑자기 나타나 사람이 타카뉴도를 바라보면 점점 커져서 하늘에 닿을 정도라고 합니다. 그러나 몸집이 커지기만 할 뿐 사람에게 다른 해를 가하지는 않는다고 합니다.

　거대해진 타카뉴도를 소멸시키기 위해서는 자를 꺼내어 한 척, 두 척, 세 척이라고 하면서 키를 재는 방법과 "졌다, 다 봤다." 혹은 "다 봤다, 다 봤다!"라고 외쳐서 사라지게 하는 방법이 있다고 합니다. 어떤 사람은 갑자기 나타난 타카뉴도에게 나뭇조각 등을 던졌더니 사라졌다고 합니다. 또한 타카뉴도는 사람을 놀리기 위해 너구리나 여우가 변신해 장난을 치는 것이라는 이야기가 전해지고 있습니다.

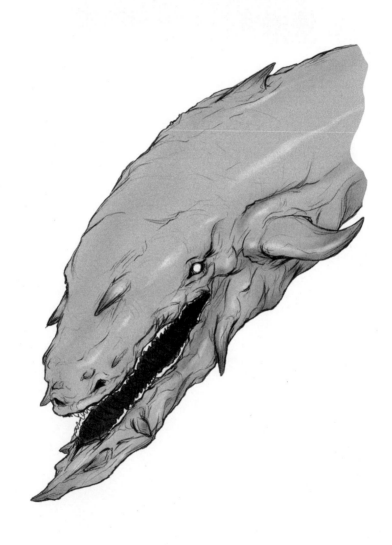

탄주어

한국 설화 ❖ 어류형 (4~5m)

거대한 고래의 모습을 한 괴물입니다. 배를 삼키는 거대한 물고기라는 의미를 가진 탄주어는 현재 고래의 옛 이름이기도 합니다.

조선시대 어느 날 이익의 사촌 형이 동해에서 대머리인 어부를 보고 왜 그렇게 됐는지 이유를 물어보았습니다. 그 어부가 말하길, 두 명의 친구들과 함께 바다에서 물고기를 잡던 중 갑자기 거대한 물고기가 나타나 배를 통째로 집어삼켰다고 합니다. 갑자기 사방이 어두워져 분간할 수 없었지만, 어부는 곧 거대한 물고기의 내장 안에 있다는 것을 알아차렸습니다. 어부는 바로 칼을 꺼내 휘둘렀고 아픔을 이기지 못한 거대한 물고기는 세 명 중 두 명을 뱉어냈다고 합니다. 하지만 위액에 노출된 어부의 머리는 다 타버려 대머리가 되었고, 다시는 머리가 자라지 않았다고 합니다.

탐주염사

한국 설화 ❖ 동물형 (3~5m)

　거대한 뱀의 모습을 한 괴물로, '홍량거부(鴻梁巨桴)'라 불리기도 하며 바다와 육지를 오가면서 생활한다고 합니다. 영리한 편은 아니라 함정에 쉽게 걸리고 뱃속에는 진주와 많은 보석이 들어 있다고 합니다.

　탐주염사는 오래전 한 무인도에서 서식하며 섬에 있는 큰 동물들이나 바닷속의 물고기들을 잡아먹으며 살고 있었다고 합니다. 어느 날 한 화포장이 무인도에 흘러 들어갔다가 탐주염사를 발견하였고 탐주염사를 죽이기 위해 함정을 파 놓았습니다. 화포장은 긴 칼을 날카롭게 갈아서 탐주염사가 지나가는 길 한 가운데에 심어 놓았고 이를 눈치 채지 못한 탐주염사는 그대로 길을 지나다 칼에 온몸이 찢어져 뱃속에 있는 온갖 보석들을 쏟아냈습니다. 며칠이 지난 후 화포장은 죽어 있는 이무기를 발견해 보석들을 챙겼고, 근처를 지나가던 배에 구출되어 부자로 살아갔다고 합니다.

토주원

한국 전설 ❖ 동물형 (0.2~3m)

    자라의 모습을 한 괴물입니다. 토주원은 몸속에 진주와 비슷한 구슬을 키우다가 토해내는데, 이 구슬을 얻어 몸에 지니고 다니는 사람은 다른 사람들의 신임을 얻게 된다고 합니다. 구슬에서는 사람의 관심을 끄는 향기나 빛, 소리 같은 것이 퍼져 나온다고 합니다.

    신라시대 때 '사미'라는 자가 자라에게 밥을 주며 "너에게 은덕을 베푼 지 오래되었는데, 무엇으로 보답하겠느냐?" 하니 자라가 구슬을 토해냈다고 합니다. 사미는 이 구슬을 항상 허리띠에 매달고 다녔고, 왕은 매일 사미를 찾아 소중히 대해줬습니다. 하지만 이를 이상하게 여긴 관상쟁이가 필시 사미에게 이상한 물건이 있을 것이라 하여 사미를 살펴보니, 허리띠 끝에 작은 구슬이 달려있었습니다. 사미가 가지고 있던 구슬은 원래 왕에게 있던 여의주 중 하나였고, 이야기를 들어보니 왕이 구슬을 잃어버렸던 날 사미가 구슬을 얻게 된 것이었습니다. 이후 왕은 사미의 구슬을 빼앗아 다시 돌려보냈고 사미의 주위에는 아무도 남지 않게 되었다고 합니다.

팽후

중국 전설 ✦ 혼합형 (0.7~1m)

검은 개의 모습을 한 괴물입니다. '나무의 정괴'라고도 알려진 팽후는 나무속에 살며 나무를 베면 갑자기 튀어나온다고 합니다. 몸통은 검은 개의 것이지만, 얼굴은 사람과 비슷하기도 하며 꼬리가 달려 있지 않다고 합니다. 팽후가 들어있는 나무의 주변에 주택가가 있으면 그 주변에 사는 사람들은 모두 목숨을 잃게 된다고 합니다.

오래전 낙양에 있는 오래된 저택에서 사람들이 갑자기 죽어나가자 이를 조사하기 위해 '노건'이라는 사람이 부하와 함께 이 집에 머물게 되었습니다. 노건은 집 안으로 들어가고 부하는 처마 밑에서 밤이 되기를 기다렸는데, 누군가 문을 두드리며 "류 장군이 노어사에게 글을 보낸다."는 말이 들려왔습니다. 노건이 가만히 있자 책 한 권이 떨어졌고 그 책에는 이 집은 전부 자신의 것이니 빨리 나가지 않으면 치욕을 당할 것이라는 글이 적혀있었다고 합니다. 글을 읽자마자 책은 재가 되어 사라져 버렸고 밖에서 "류 장군이 노어사를 만나려 한다."는 소리가 들리며 괴물이 나타났습니다. 부하가 화살을 날려 류 장군을 맞추자 바로 도망쳤고, 날이 밝은 후 수색해보니 화살이 관통한 큰 버드나무가 있었다고 합니다. 버드나무의 정체가 괴물인 것을 알고 베어버리니 더 이상 기괴한 일이 일어나지 않았다고 합니다.

폴레빅

러시아 민담 ✛ 인간형 (1m)

　못생긴 인간 모습의 괴물입니다. 폴레빅은 지역마다 조금씩 다른 모습으로 나타나는데, 작은 노인의 모습으로 나타나거나 풀색 머리카락과 털이 온몸을 덮고 있는 모습 또는 그 지역의 흙과 나무를 닮은 피부색과 머리카락 색을 띠고 나타날 때도 있다고 합니다.

　굉장히 악독한 성격으로 사람들을 괴롭히는 것을 좋아한다고 합니다. 정오에 주로 나타나서 잘 자라난 곡식들을 없애버리거나 낮잠을 자고 있는 사람들의 목을 졸라 죽이기도 합니다. 폴레빅은 미래를 볼 수 있으며 사람들 앞에 나타나는 것만으로도 불길한 징조를 암시합니다. 폴레빅을 피하고 싶으면 아무도 없을 때 수탉을 제물로 바치고 정오에는 아무도 일을 해서는 안 된다고 합니다. 한편 말 타는 것을 좋아해 말을 타고 빠른 속도로 들판을 돌아다니기도 한다고 합니다.

풍생수

중국 전설 ✤ 동물형 (0.5~0.6m)

    푸른 표범 모습의 괴물입니다. '풍리(風狸)'라 불리기도 하며 중국 '염주(炎州)'에서 서식한다고 합니다. 온몸은 푸른 털로 덮여 있으며 불사의 능력을 가지고 있어서 어떠한 공격도 통하지 않으며 불로 태우려 해도 털 한 가닥 타지 않고 칼에도 베이지 않는다고 합니다. 쇠망치로 머리를 치면 잠시 목숨을 잃을 수도 있으나 바람을 불어 넣으면 다시 살아난다고 합니다.

    풍생수의 뇌는 영양이 풍부해서 사람이 풍생수의 뇌를 꺼내 먹으면 수명이 500년으로 늘어난다고 합니다. 또한 풍생수는 일본 '후리(風狸)'와 비슷한 생김새와 능력을 가지고 있어 서식지만 다를 뿐 같은 존재라는 이야기가 전해지고 있습니다.

필방

중국 신화 ✤ 조류형 (1.2~1.4m)

새의 모습을 한 괴물입니다. 두루미와 비슷한 모습으로 몸에는 하나의 다리만 달려 있고 얼굴에는 흰색 부리가 달려 있습니다. 화려한 깃털들이 나 있으며 꼬리는 다섯 갈래로 나뉘어져 있습니다. 이 꼬리들이 서로 부딪히면 돌이 부딪히는 소리가 난다고 합니다.

필방은 날개가 짧아 오랫동안 날거나 멀리 가지는 못하며 울음소리는 나무가 불에 탈 때 나는 소리와 비슷하다고 합니다. 속이 빈 나무속에서 주로 머무는데, 일반 곡식은 먹지 않고 불을 먹으며 살아간다고 합니다.

필방은 불을 의미하거나 큰 재앙을 예고하기도 하며 필방이 나타나면 반드시 큰 화재가 일어나게 된다고 합니다. 이는 필방이 일부러 재앙을 몰고 다니는 것일 수도 있다고 합니다.

하라어

중국 신화 ❖ 어류형 (0.3~0.5m)

　물고기 모습의 괴물로, 하나의 얼굴에 열 개의 몸통이 달려 있습니다. 맑은 강물에서 서식하며 개 짖는 소리를 낸다고 합니다. 하라어의 몸은 불과 열에 강해서 큰불이 났을 때 하라어를 이용해 불을 금방 진압할 수도 있고, 사람이 직접 하라어를 섭취하면 심한 종양을 치료할 수도 있다고 합니다.

　하라어는 밤이 되면 새로 변해 밤하늘을 빠르게 날아다니기도 하는데, 사악한 괴물로 사람들에게 해를 끼친다고 합니다. 한편, 하라어는 오래전 사람들이 오징어나 문어를 보고 착각하여 괴물이라고 여긴 것일 수도 있다고 합니다.

하시히메

일본 전설 ❖ 인간형 (1.5m)

인간 여성의 형상을 한 괴물입니다. 하시히메는 교각을 수호하는 신으로 오랫동안 숭배되었으며 강을 통해 들어오려는 역병이나 다른 괴물들로부터 마을을 수호한다고 합니다. 평소에는 아름다운 모습을 하고 있지만, 다른 괴물들과 싸우기 위해서 무서운 모습으로 나타날 때도 있다고 합니다. 그리고 하시히메는 굉장히 질투가 심해서 그녀가 있는 교각 위에서 다른 교각을 칭찬하면 칭찬한 사람은 후에 커다랗고 무서운 눈과 마주치게 된다고 합니다.

하시히메는 원래 사람이었는데 질투가 심한 한 여성이 '키부네 신사'에 머물며 귀신으로 변해 다른 여성을 죽이고 싶다는 기도를 7일 동안 했다고 합니다. 이에 귀신이 되고 싶다면 변장을 하고 21일에 강으로 뛰어들라는 신의 답변을 받았습니다. 집으로 돌아온 여성은 기괴한 모습으로 변장하고 강에 뛰어들어 괴물이 되었다고 합니다. 이후 그녀가 질투를 느꼈던 여성부터 주변 사람들까지 차례대로 목숨을 잃었고, 사람들은 하시히메를 달래기 위해 제사를 지내고 그녀를 숭배하기 시작했다고 합니다.

함은합

한국 신화 ❖ 조류형 (0.5m)

　까마귀 모습의 괴물입니다. 항상 은색 상자를 물고 있다 하여 함은합
(銜銀榼)이라 불리는데, 이 상자 안에는 사람들에 대한 예언이 적힌 종
이가 들어 있다고 합니다. 상자의 겉면에는 예언을 볼 때 주의해야 할
사항이 적혀 있습니다. 은색 상자를 물고 다닐 뿐 그 외에 특이점은 없
는 존재입니다.

　어느 날 신라왕이 정자 앞에 행차하니 까마귀가 은색의 함을 물고 날
아와 왕 앞에 가져다 놓았다고 합니다. 상자의 겉면에는 '열어보면 두 사
람이 죽고, 열지 않으면 한 사람이 죽는다.'라고 쓰여 있었고 신하들과
의논 후에 함을 열어보니 '궁중의 거문고 갑(匣)을 쏘라!'라고 적혀 있었
습니다. 이에 왕이 궁으로 달려가 거문고 갑에 활을 쏘니 왕비와 결탁하
여 왕을 죽이려 한 자가 숨어있었습니다. 이들은 모두 목숨을 잃게 되
었고 왕은 까마귀의 은혜를 생각하며 매년 약밥을 만들었다고 합니다.

해치

한, 중, 일 전설 ✤ 신수형 (10~12m)

호랑이의 모습을 한 괴물로, 온몸에는 비늘이 덮여 있다고 합니다. 해태라 불리기도 하며 한국에서는 친근하고 액운을 쫓는 상서로운 존재로 여겨지고 있습니다. 해치는 지능이 높고 정직한 성격을 가지고 있으며 재앙을 막아줄 뿐만 아니라 행운을 가져오고 화재를 진압하는 능력이 있다고 합니다. 옛 사람들은 해치의 불을 다룰 수 있는 능력 때문에 부엌 쪽에 해치의 부적을 많이 붙여 놓았다고 합니다. 그리고 해치는 언제나 정의를 지키는 존재로 사람들이 다투는 것을 보거나 정직하지 못한 행동을 할 때면 옳고 그름을 가려 잘못을 한 이에게는 뿔로 벌을 내린다고 합니다. 한편, 중국과 일본에서는 해치를 사납고 강력한 맹수로 여긴다고 합니다.

현무

한, 중, 일 전설 ❖ 신수형 (측정 불가)

거북과 뱀이 섞인 형상의 괴물입니다. 현무는 동서남북의 네 방위 중에서 북쪽을 지키는 수호신으로 겨울을 상징합니다. 현무의 현(玄)은 검은색을 뜻하며 무(武)는 거북의 딱딱한 등껍질과 뱀의 날카로운 이빨로 방어에 굉장히 유리하다는 뜻을 지니고 있습니다.

고대 중국인들은 거북의 종류가 수컷밖에 없다고 생각했는데, 거북의 머리 모양과 유사한 뱀과 함께 있으면 짝을 짓고 새끼를 낳을 수 있다고 여겨 거북과 뱀이 함께 얽혀 있게 만들었다고 합니다. 그리고 거북의 등껍질 위쪽은 둥글어 하늘과 같고 아래쪽은 평평해 땅과 같다고 생각해 우주의 축소판이라고 여겼으며, 거북의 수명도 굉장히 길기 때문에 중요하게 생각했다고 합니다. 또한 현무는 모든 갑각류들의 수장이라고 전해지고 있습니다.

형천

중국 신화 ❖ 인간형 (1.7~1.9m)

　얼굴 없는 인간의 모습을 한 거인 괴물입니다. 형천은 원래 일반 사람
의 모습으로 '음악을 담당하는 신'이었으나 '천제(天帝)'의 자리를 놓고
천제와 겨루다가 산에 매장되었다고 합니다. 천제가 형천의 얼굴을 땅
속 깊숙이 박아버려 얼굴을 찾을 수 없게 되었고 목이 잘린 그대로 다
시 일어나 불멸의 존재가 되었습니다. 그래서 형천은 두 젖꼭지를 눈으
로 삼고 배꼽을 입으로 삼아 살아가고 있으며 입은 항상 웃고 있는 모양
이라고 합니다.

　오른손에는 도끼를, 왼손에는 방패를 들고 춤을 추듯이 날뛰고 있는
데, 이는 아직도 천제와의 승부를 포기하지 않았다는 뜻으로 천제를 도
발하는 행위라고 합니다.

호문조

한국 전설 ❖ 조류형 (5m)

호랑이 무늬를 지닌 새 모습의 괴물입니다. 호문조는 사람을 잡아먹는 식인괴물로 사람을 한 입에 삼킬 수 있을 만큼 거대하다고 합니다. 몸이 무거워서 느린 속도로 날아다닌다고 합니다.

조선시대 때 전라남도에 있는 '홍의도'를 조사하기 위해 사람들을 파견했었는데 이들이 배를 타고 가던 중 한 무인도에 정박했습니다. 섬 안에 호랑이 무늬의 거대한 새가 보이자 뱃사공이 말을 하지 말고 숨으라며 주의를 주었고 모두들 엎드려 새를 바라보고 있었습니다. 그러자 잠시 후 새가 큰 날개를 펄럭이며 날아갔습니다. 뱃사공은 저 새가 사람들을 잡아먹기 때문에 피했던 것이라고 설명했고, 이들과 함께 있던 화가가 말을 전하며 호문조의 존재가 널리 퍼지게 되었다고 합니다.

호야우카무이

일본 신화 ❖ 혼합형 (측정 불가)

날개 달린 뱀의 모습을 한 괴물입니다. 동그란 눈을 가지고 있으며 눈과 입 주위는 붉은색을 띠고 있습니다. 기다란 몸에 가는 꼬리와 뾰족한 코가 달려 있는데, 이 코는 거대한 나무를 쓰러트릴 수 있을 정도로 날카롭다고 합니다.

호야우카무이는 강이 있는 곳에서 서식한다고 하며 엄청난 악취를 풍긴다고 합니다. 악취에 노출된 나무와 풀은 말라 죽게 되고, 사람은 머리카락과 털이 다 빠지다가 피부가 부어오르면서 괴사해 결국 목숨을 잃게 된다고 됩니다. 호야우카무이는 추운 날씨를 아주 싫어해서 겨울에는 대부분 동면하고 여름에만 활동하는데, 더운 날씨나 불 근처에서 그의 이름을 부르면 뜨거운 힘이 강해지기 때문에 이는 좋지 않은 행동이라고 합니다.

일부 지역에서는 호야우카무이를 신으로 모시며 전염병이 퍼졌을 때 호야우카무이에게 빌며 병이 낫기를 기도한다고 합니다.

화광수

중국 전설 ❖ 동물형 (0.5~0.6m)

쥐의 모습을 한 괴물입니다. 화광수는 화서(火鼠)라 불리기도 하며 머나먼 남쪽 땅에 있는 '부진목(不盡木)'에서 서식한다고 합니다. 부진목은 화산 속에 있는 나무로 불에도 타지 않고 강한 비바람에도 썩지 않는다고 합니다. 털은 평소에는 비단처럼 곱고 흰색을 띠다가 불속에 들어가면 붉은색으로 변합니다. 이 털은 비단실보다 가늘며 한 가닥이 50cm라고 합니다.

화광수의 털을 이용해 만든 천을 '화완포(火浣布)'라고 하는데 화완포를 사용해 불을 막을 수 있습니다. 화완포를 사용하다가 더러워져도 불에 태우면 다시 새것처럼 하얀 천이 된다고 합니다. 한편, 화광수는 물에 약해서 물을 뿌려 잡은 후에 화완포를 만든다고 합니다.

황부귀

중국 전설 ✦ 요괴형 (측정 불가)

황색 옷을 걸치고 나타나 전염병을 퍼트리는 괴물입니다. 황부귀가 집 앞에 서서 입을 벌리고 웃고 있으면 그 집에는 반드시 전염병이 발생한다고 하며, 황부귀는 어떠한 곳이라도 자유롭게 침입할 수 있는 두려운 존재입니다. 집 주변으로 어떠한 담장을 세워 놓아도 그의 앞에서는 무용지물이 된다고 합니다. 대부분은 직접적으로 모습을 드러내지 않으며 형태가 없는 연기나 새의 모습으로 집 안에 날아들거나 짐승의 모습으로 변신해 나타날 때도 있습니다.

많은 괴물들이 사람에게 행운을 가져다주거나 목숨을 잃게 하는 양면성을 띠고 있지만, 황부귀는 단지 병을 퍼트리기만 할 뿐 이 병을 통해 사람이 목숨을 잃거나 다시 살아나는 것에 대한 관심은 보이지 않는 특이한 성격을 가진 괴물로 여겨지고 있습니다.

후

　사자와 개의 모습이 섞인 거대한 괴물입니다. 후는 강시가 오랜 시간을 보내고 진화한 것으로 난폭하고 사나운 성질을 가지고 있다고 합니다. 엄청난 신통력을 자랑하며 입에서는 화염과 연기를 내뿜습니다. 신통력으로 인간세계에 자연재해를 일으키기도 하고 날카로운 이빨과 발톱으로 사람들을 공격해 잡아먹는다고 합니다. 사람 고기를 가장 좋아하는 악한 괴물입니다. 여러 신들이 후를 길들여 타고 다니는데, 이는 후가 인간세계에 해를 끼치지 못하도록 일부러 그를 제어하기 위한 것이라고 합니다.

　후는 중국이 청나라 때 최초로 나타났다고 합니다. 한 남자가 강시의 추적을 피하기 위해 물속으로 뛰어 들어갔는데 강시는 물속으로 쫓아 들어가지 못하고 물 앞에서 화만 내고 있었다고 합니다. 그런데 갑자기 그 강시가 기괴한 소리를 내며 세 번 뛰어오르더니 짐승으로 변해 사라졌고, 이 짐승이 바로 최초의 후라고 합니다.

후타쿠치온나

일본 전설 ❖ 인간형 (1.5m)

인간 여성의 모습에 두 개의 입이 달린 괴물입니다. 후타쿠치온나의 한쪽 얼굴은 평범한 사람과 똑같지만, 정수리나 뒤통수에 입이 하나 더 달려 있습니다. 아버지와 자식만 있는 가정에 후처로 들어온 여성이 전처의 자식에게 밥을 주지 않아 굶어 죽으면 후처가 후타쿠치온나로 변하거나 후처가 낳은 자식이 후타쿠치온나가 된다고 합니다.

뒤통수에 달려 있는 입은 평소에는 머리카락에 가려져 있지만, 밥을 먹을 때는 머리카락이 양 갈래로 갈라지면서 손처럼 음식을 들고 입으로 나른다고 합니다. 또한, 뒤통수에 달린 입은 사람을 잡아먹을 수 있을 정도로 거대하며 엄청난 양의 음식을 먹어 치운다고 합니다.

히자마

일본 민담 ✤ 조류형 (0.5m)

닭의 모습을 한 괴물로, 백색의 깃털과 붉은 뺨이 특징입니다. 히자마는 사람에게 직접적인 해를 끼치지는 않지만, 사람의 집에 들러붙어 화재를 일으킨다고 합니다. 집 안의 빈 병이나 통 안에 숨어들어서 사람이 방심하거나 주위를 잘 살피지 않으면 그 집에 불이 나게 만든다고 합니다.

히자마가 집에 들어오는 것을 막으려면 빈 병과 통들을 모두 뒤집어 놓거나 그 안에 물을 채워 놓아야 하고, 히자마를 발견하면 바로 '유타(주술사)'를 불러 히자마를 쫓아내기 위한 의식을 치러야 합니다.

히자마는 일본의 '오키노에라부섬(규슈 남부 가고시마에서 546km 떨어진 태평양과 동중국해 사이에 있는 섬)'에서 주로 나타나며 이 지역의 사람들은 괴물들 중에서 히자마를 가장 두려워해 히자마와 비슷하게 생긴 닭을 키우는 것을 금기하고 있다고 합니다.

동양 문화 속 괴물들의 이야기

괴물 도감 동양편

2021. 9. 7. 초 판 1쇄 인쇄
2021. 9. 14. 초 판 1쇄 발행

지은이 | 고고학자(강석민)
펴낸이 | 이종춘
펴낸곳 | BM (주)도서출판 성안당
주소 | 04032 서울시 마포구 양화로 127 첨단빌딩 3층(출판기획 R&D 센터)
      10881 경기도 파주시 문발로 112 파주 출판 문화도시(제작 및 물류)
전화 | 02) 3142-0036
      031) 950-6300
팩스 | 031) 955-0510
등록 | 1973. 2. 1. 제406-2005-000046호
출판사 홈페이지 | www.cyber.co.kr
ISBN | 978-89-315-5769-5 (03900)
정가 | 23,000원

이 책을 만든 사람들
책임 | 최옥현
진행 | 김해영
교정 · 교열 | 김해영
본문 디자인 | 오지성, 고고학자
표지 디자인 | 박원석
홍보 | 김계향, 유미나, 서세원
국제부 | 이선민, 조혜란, 권수경
마케팅 | 구본철, 차정욱, 나진호, 이동후, 강호묵
마케팅 지원 | 장상범, 박지연
제작 | 김유석

www.cyber.co.kr
★★★
성안당 Web 사이트

■ **도서 A/S 안내**

성안당에서 발행하는 모든 도서는 저자와 출판사, 그리고 독자가 함께 만들어 나갑니다.
좋은 책을 펴내기 위해 많은 노력을 기울이고 있습니다. 혹시라도 내용상의 오류나 오탈자 등이 발견되면 **"좋은 책은 나라의 보배"**로서 우리 모두가 함께 만들어 간다는 마음으로 연락주시기 바랍니다. 수정 보완하여 더 나은 책이 되도록 최선을 다하겠습니다.
성안당은 늘 독자 여러분들의 소중한 의견을 기다리고 있습니다. 좋은 의견을 보내주시는 분께는 성안당 쇼핑몰의 포인트(3,000포인트)를 적립해 드립니다.
잘못 만들어진 책이나 부록 등이 파손된 경우에는 교환해 드립니다.